educamos·sm

Caro aluno, seja bem-vindo à sua plataforma do conhecimento!

A partir de agora, você tem à sua disposição uma plataforma que reúne, em um só lugar, recursos educacionais digitais que complementam os livros impressos e são desenvolvidos especialmente para auxiliar você em seus estudos. Veja como é fácil e rápido acessar os recursos deste projeto.

1 Faça a ativação dos códigos dos seus livros.

Se você NÃO tiver cadastro na plataforma:

- Para acessar os recursos digitais, você precisa estar cadastrado na plataforma educamos.sm. Em seu computador, acesse o endereço <br.educamos.sm>.
- No canto superior direito, clique em "**Primeiro acesso? Clique aqui**". Para iniciar o cadastro, insira o código indicado abaixo.
- Depois de incluir todos os códigos, clique em "**Registrar-se**" e, em seguida, preencha o formulário para concluir esta etapa.

Se você JÁ fez cadastro na plataforma:

- Em seu computador, acesse a plataforma e faça o *login* no canto superior direito.
- Em seguida, você visualizará os livros que já estão ativados em seu perfil. Clique no botão "**Adicionar livro**" e insira o código abaixo.

Este é o seu código de ativação! → **DNQCY-MJ6BR-AQBZP**

2 Acesse os recursos.

Usando um computador

Acesse o endereço <br.educamos.sm> e faça o *login* no canto superior direito. Nessa página, você visualizará todos os seus livros cadastrados. Para acessar o livro desejado, basta clicar na sua capa.

Usando um dispositivo móvel

Instale o aplicativo **educamos.sm**, que está disponível gratuitamente na loja de aplicativos do dispositivo. Utilize o mesmo *login* e a mesma senha da plataforma para acessar o aplicativo.

Importante! Não se esqueça de sempre cadastrar seus livros da SM em seu perfil. Assim, você garante a visualização dos seus conteúdos, seja no computador, seja no dispositivo móvel. Em caso de dúvida, entre em contato com nosso canal de atendimento pelo **telefone 0800 72 54876** ou pelo *e-mail* atendimento@grupo-sm.com.

Aprender juntos

5
5º ano

CIÊNCIAS
ENSINO FUNDAMENTAL

ORGANIZADORA: EDIÇÕES SM
Obra coletiva concebida, desenvolvida e produzida por Edições SM.

São Paulo, 6ª edição, 2017

Aprender Juntos Ciências 5
© Edições SM Ltda.
Todos os direitos reservados

Direção editorial	M. Esther Nejm
Gerência editorial	Cláudia Carvalho Neves
Gerência de *design* e produção	André Monteiro
Edição executiva	Robson Rocha
	Colaboração técnico-pedagógica: Tereza Amorim Costa
	Edição: Alexandre Albuquerque da Silva, André Henrique Zamboni, Carolina Santos Taqueda, Eduardo Passos, Gabriela Sobral, Marcelo Viktor Gilge, Nathália Fernandes de Azevedo
Suporte editorial	Alzira Bertholim, Fernanda Fortunato, Giselle Marangon, Talita Vieira, Silvana Siqueira
Coordenação de preparação e revisão	Cláudia Rodrigues do Espírito Santo
	Preparação e revisão: Angélica Lau P. Soares, Cecília Farias, Eliana Vila Nova de Souza, Eliane Santoro, Fátima Valentina Cezare Pasculli, Izilda de Oliveira Pereira
	Apoio de equipe: Beatriz Nascimento, Camila Durães Torres
Coordenação de *design*	Gilciane Munhoz
	***Design*:** Tiago Stéfano
Coordenação de arte	Ulisses Pires, Juliano de Arruda Fernandes, Melissa Steiner Rocha Antunes
	Edição de arte: Fernando Cesar Fernandes, Gabriela dos S. Rodrigues
Coordenação de iconografia	Josiane Laurentino
	Pesquisa iconográfica: Susan Eiko
	Tratamento de imagem: Marcelo Casaro
Capa	João Brito, Gilciane Munhoz
	Ilustração da capa: A mascoteria
Projeto gráfico	Estúdio Insólito
Editoração eletrônica	Studio Layout
Ilustrações	Al Stefano, Alexandre Matos, AMj Studio, Bruna Ishihara, Cecília Iwashita, Dawidson França, Diego Moreira/Mãe Joana House, Giz de Cera/Tél Coelho, Hiroe Sasaki, Ilustra Cartoon, Lima, Marcelo Lopes, Paula Radi, Paulo Cesar Pereira, Pingado Sociedade Ilustrativa, Ronaldo Barata, Selma Caparroz, Studio Caparroz, Studio Pack, Vanessa Alexandre, Vicente Mendonça
Cartografia	João Miguel A. Moreira
Pré-impressão	Américo Jesus
Fabricação	Alexander Maeda
Impressão	EGB Editora Gráfica Bernardi Ltda.

Elaboração de originais

Carolina Santos Taqueda
Bacharela e licenciada em Ciências Biológicas pelo Instituto de Biociências da Universidade de São Paulo (conclusão em 2006). Mestra em Ciências (área de concentração: Ecologia) pelo Instituto de Biociências da Universidade de São Paulo (conclusão em 2010). Editora e elaboradora de conteúdo para livros didáticos no Ensino Fundamental I, no Ensino Fundamental II e no Ensino Médio.

Dados Internacionais de Catalogação na Publicação (CIP)
(Câmara Brasileira do Livro, SP, Brasil)

Aprender juntos ciências, 5º ano : ensino fundamental / organizadora obra coletiva concebida, desenvolvida e produzida por Edições SM ; editor responsável Robson Rocha. — 6. ed. — São Paulo : Edições SM, 2017. — (Aprender juntos)

Suplementado pelo manual do professor.
Vários autores.
Bibliografia.
ISBN 978-85-418-1917-6 (aluno)
ISBN 978-85-418-1918-3 (professor)

1. Ciências (Ensino fundamental) I. Rocha, Robson. II. Série.

17-10748   CDD-372.35

Índices para catálogo sistemático:
1. Ciências : Ensino fundamental   372.35

6ª edição, 2017
2ª impressão 2019

Edições SM Ltda.
Rua Tenente Lycurgo Lopes da Cruz, 55
Água Branca   05036-120   São Paulo   SP   Brasil
Tel. 11 2111-7400
edicoessm@grupo-sm.com
www.edicoessm.com.br

Apresentação

Caro aluno,

Este livro foi cuidadosamente pensado para ajudá-lo a construir uma aprendizagem sólida e cheia de significados que lhe sejam úteis não somente hoje, mas também no futuro. Nele, você vai encontrar estímulos para criar, expressar ideias e pensamentos, refletir sobre o que aprende, trocar experiências e conhecimentos.

Os temas, os textos, as imagens e as atividades propostos neste livro oferecem oportunidades para que você se desenvolva como estudante e como cidadão, cultivando valores universais como responsabilidade, respeito, solidariedade, liberdade e justiça.

Acreditamos que é por meio de atitudes positivas e construtivas que se conquistam autonomia e capacidade para tomar decisões acertadas, resolver problemas e superar conflitos.

Esperamos que este material didático contribua para seu desenvolvimento e para sua formação.

Bons estudos!

Equipe editorial

Conheça seu livro

Conhecer seu livro didático vai ajudar você a aproveitar melhor as oportunidades de aprendizagem que ele oferece.

Este volume contém doze capítulos. Veja como cada capítulo está organizado.

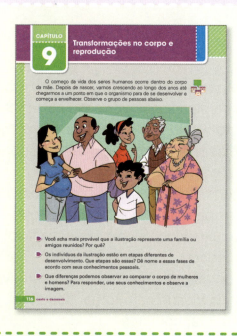

Abertura de capítulo

Essa página marca o início de um capítulo. Textos, imagens variadas e atividades vão fazer você pensar e conversar previamente sobre os temas que serão desenvolvidos ao longo do capítulo.

Desenvolvimento do assunto

Os textos, as imagens e as atividades destas páginas vão permitir que você compreenda o conteúdo que está sendo apresentado.

Na prática

Essa seção inclui atividades práticas que envolvem a observação de fenômenos e o levantamento de suposições.

Glossário

Ao longo do livro, você vai encontrar uma breve explicação de algumas palavras e expressões que talvez você não conheça.

Sugestão de site

As sugestões de sites permitem explorar e aprofundar os conhecimentos relacionados aos temas estudados.

4 quatro

Finalizando o capítulo

No fim dos capítulos, há seções que buscam ampliar seus conhecimentos sobre a leitura de imagens, a diversidade cultural e os conteúdos abordados no capítulo.

A seção **Vamos ler imagens!** propõe a análise de uma ou mais imagens e é acompanhada de atividades que vão ajudar você a compreender diferentes tipos de imagem.

Na seção **Pessoas e lugares** você vai conhecer algumas características culturais de diferentes comunidades.

As atividades da seção **Aprender sempre** são uma oportunidade para você verificar o que aprendeu, analisar os assuntos estudados em cada capítulo e refletir sobre eles.

Material complementar

No final do livro, você vai encontrar Material complementar para usar em algumas atividades.

Ícones usados no livro

 Atividade oral

 Atividade em dupla

 Atividade em grupo

 Cores-fantasia

 Saber ser
Sinaliza momentos propícios para professor e alunos refletirem sobre questões relacionadas a valores.

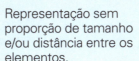 Representação sem proporção de tamanho e/ou distância entre os elementos.

 Escala
Informa os valores médios de comprimento, largura ou altura do ser vivo mostrado na foto.

 Recurso digital

cinco 5

Sumário

CAPÍTULO 1 — A Terra e a Lua se movem › 8

A Terra se move › **9**
Dias e noites › **9**
Rotação da Terra › **10**
O movimento de translação e o ano › **11**
A Lua se move › **12**
As fases da Lua › **12**
Na prática: Observando as fases da Lua › **14**
Um pouco de história › **16**
Aristóteles: a Terra como centro do Universo › **16**
Copérnico e Galileu: o Sol como centro do Universo › **17**
Pessoas e lugares Astronomia Tembé › **18**
Aprender sempre › **20**

CAPÍTULO 2 — O ser humano e o espaço sideral › 22

Instrumentos de observação › **23**
A luneta de Galileu › **23**
Na prática: Instrumentos de observação a distância › **24**
Novos instrumentos › **26**
Na prática: Observando as constelações no céu noturno › **27**
Viagens e equipamentos espaciais › **29**
Viagem à Lua › **29** / Equipamentos espaciais › **29**
Vamos ler imagens! O "Nascer da Terra" em uma fotografia espacial › **32**
Aprender sempre › **34**

CAPÍTULO 3 — O ar › 36

Onde está o ar? › **37**
A composição do ar › **37**
O que mais existe no ar? › **38**
O ar e a fotossíntese › **39**
Como perceber o ar: propriedades › **40**
O ar tem massa › **40** / O ar ocupa espaço › **40**
O ar se espalha › **40**
O ar pode ser comprimido › **41** / Ventos › **41**
Alterações na atmosfera terrestre › **42**
Poluição do ar › **42**
Aquecimento do planeta › **43**
Danos à camada de ozônio › **43** / Cuidando do ar › **44**
Na prática: Simulando o efeito estufa › **45**
Aprender sempre › **46**

CAPÍTULO 4 — A água › 48

Onde está a água › **49** / A água doce › **49**
Estados físicos da água › **50**
As mudanças de estado físico da água › **51**
Misturas com água › **53**
Materiais que não se dissolvem na água › **53**
O sal da água do mar › **53**
Na prática: Por que na praia a água da chuva não é salgada? › **54**
O ciclo da água › **56**
A importância do ciclo da água › **57**
Por que é preciso cuidar da água? › **57**
Pessoas e lugares A falta de água em Jardim Gramacho › **58**
Aprender sempre › **60**

CAPÍTULO 5 — O ambiente e a saúde da população › 62

Água e saneamento básico › **63**
De onde vem a água que usamos? › **63**
O caminho do esgoto › **65**
Na prática: Remoção de impurezas da água › **66**
Reduzir o desperdício de água › **68**
Lixo e saneamento básico › **69**
Para onde vai o lixo › **69**
Reduzir a quantidade de lixo › **70**
Na prática: Buscando soluções para o problema de lixo na sua escola › **71**
Vamos ler imagens! Retratos feitos com sucata › **72**
Aprender sempre › **74**

CAPÍTULO 6 — Nossa alimentação › 76

Alimentos e nutrientes › **77** / As fibras alimentares › **77**
A energia dos alimentos › **78**
Alimentação saudável › **79**
A escolha dos alimentos › **79**
Na prática: Minha alimentação é saudável? › **80**
Quantidade necessária de alimento › **82**
Diferenças individuais › **82**
Problemas ligados à alimentação › **83**
Desnutrição › **83** / Obesidade › **83**
A conservação dos alimentos › **84**
Técnicas de conservação › **84**
Prazo de validade › **85**
Pessoas e lugares As sementes da paixão de Borborema › **86**
Aprender sempre › **88**

CAPÍTULO 7 — Digestão › 90

Para onde vai o alimento que comemos › 91
Sistema digestório › 91
Como é a digestão › 92
A mastigação › 93
Como o alimento vai da boca até o ânus? › 94
A higiene dos alimentos e a saúde › 96
Vamos ler imagens! Ilustrações técnicas do corpo humano › 98
Aprender sempre › 100

CAPÍTULO 8 — Respiração, circulação e excreção › 102

A respiração › 103
O sistema respiratório › 103
Entrada e saída de ar › 104 / Filtrando o ar › 104
Na prática: Modelo de funcionamento do sistema respiratório › 105
A circulação e a excreção › 107
Transportar nutrientes e gases › 107
Na prática: Medindo a pulsação › 109
Eliminar resíduos e gás carbônico › 110
O corpo é um todo integrado › 112
Aprender sempre › 114

CAPÍTULO 9 — Transformações no corpo e reprodução › 116

A puberdade › 117
O que muda no corpo › 117
O corpo adulto › 119
O sistema genital dos homens › 119
O sistema genital das mulheres › 120
O ciclo menstrual e o corpo feminino › 121
A reprodução humana › 122
A gravidez e o nascimento › 123
Pessoas e lugares O ritual de puberdade entre os Juma e os Uru-Eu-Wau-Wau › 124
Aprender sempre › 126

CAPÍTULO 10 — Energia no dia a dia › 128

Formas de energia › 129
Transformações de energia › 131
Energia luminosa › 133
A luz do Sol › 133 / A luz artificial › 133
A luz e as sombras › 133
Na prática: Teatro de sombras › 134
Propriedades dos materiais › 136
Elasticidade › 136
Flexibilidade › 137 / Resistência › 137
Fragilidade › 137
Aprender sempre › 138

CAPÍTULO 11 — Energia e calor › 140

Energia térmica e calor › 141
Fontes de calor › 142
Efeitos do calor › 144 / Variação de temperatura › 144
Mudança de estado físico › 145
Dilatação térmica › 145
Materiais condutores de calor › 146
Conservando a temperatura › 146
Na prática: Descongelando cubos de gelo › 149
Vamos ler imagens! Termografia › 150
Aprender sempre › 152

CAPÍTULO 12 — Eletricidade e magnetismo › 154

De onde vem a energia elétrica? › 155
Usinas hidrelétricas › 155
Impactos da produção de energia elétrica › 156
Fontes alternativas de energia › 156
Pilhas e baterias › 157 / Relâmpagos › 157
A energia elétrica no dia a dia › 158
Materiais condutores de eletricidade › 158
Cuidados com a energia elétrica › 159
Economia de energia elétrica › 160
Magnetismo › 161
Polos magnéticos › 162
Na prática: Observando o magnetismo › 163
Aprender sempre › 164

Sugestões de leitura › 166
Bibliografia › 168
Material complementar › 169

CAPÍTULO 1

A Terra e a Lua se movem

Observar o céu é um convite a descobertas incríveis. Estudar o céu possibilita entender fenômenos como a formação dos dias e das noites.

Há muito tempo, as populações humanas apreciam a beleza dos corpos celestes. Seja a olho nu ou com o uso de equipamentos e máquinas especiais, é possível ver belas imagens, como a da fotografia abaixo.

Imagem obtida pela missão chinesa Chang'e 5-T1, em outubro de 2014.

▶ Você reconhece os astros que aparecem nessa fotografia? Quais são eles?

▶ Os astros dessa imagem são iluminados por uma estrela que não está na foto. Que estrela é essa?

▶ Vemos apenas uma parte desses astros na imagem. Por quê?

A Terra se move

A Terra não está parada no espaço. Ela tem alguns movimentos. Um desses movimentos é responsável, por exemplo, pela alternância entre dia e noite. Vamos ver como isso acontece.

Dias e noites

Dia e noite, dia e noite, dia e noite... Esse ciclo se repete continuamente. Como estamos na superfície da Terra, vemos o Sol mudando de posição ao longo do dia.

No início da manhã, vemos o **nascer do Sol no lado leste** do horizonte. Ao longo da manhã, vemos a posição do Sol ir mudando no céu, o Sol ficando cada vez mais alto, chegando ao ponto máximo por volta do meio-dia. À tarde, o Sol fica cada vez mais baixo no céu. No fim da tarde, vemos o **pôr do Sol no lado oeste** do horizonte. Veja a seguir.

É de manhã. As crianças estão apontando o Sol nascendo.

É meio-dia, momento em que o Sol atinge seu ponto máximo no céu.

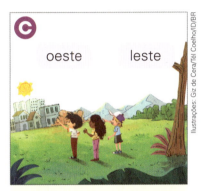
É fim de tarde. As crianças estão apontando o Sol se pondo.

Fonte de pesquisa das ilustrações: Centro de Divulgação Científica e Cultural (CDCC) da Universidade de São Paulo. Disponível em: <http://www.cdcc.sc.usp.br/cda/ensino-fundamental-astronomia/parte1a.html#parte-1a>. Acesso em: 1º dez. 2017.

1 Reúna-se com dois colegas. Com base no que vocês sabem, elaborem uma explicação sobre por que vemos a posição do Sol mudar no céu ao longo do dia. Registre-a abaixo.

_____

_____

_____

2 Depois de estudar o conteúdo da próxima página, responda no caderno: A explicação que vocês elaboraram na atividade **1** desta página estava correta? Comente.

nove

Rotação da Terra

Por causa do movimento diário do Sol no céu, podemos pensar que ele gira ao redor da Terra. Mas esse movimento é aparente, porque, na verdade, é a Terra que gira ao redor de seu próprio eixo. Esse movimento é chamado **rotação**.

O eixo da Terra é imaginário, isto é, não existe na realidade – ele é representado apenas para facilitar o estudo, como na figura ao lado. Outras indicações imaginárias também são usadas para localizarmos pontos no globo. Uma delas é a linha do Equador, que divide a Terra nos hemisférios Sul e Norte.

Representação do movimento de rotação da Terra. Note que o planeta tem um sentido de rotação, indicado pela seta vermelha.

Fonte de pesquisa da ilustração: *Universe*. London: Dorling Kindersley, 2012. p. 61.

■ A rotação e a luz do Sol

O Sol brilha o tempo todo, mas não ilumina a Terra inteira ao mesmo tempo. É **dia** na metade do planeta que está voltada para o Sol e é **noite** na metade que não está recebendo luz.

À medida que a Terra gira ao redor de seu eixo, as regiões iluminadas e não iluminadas vão mudando. A Terra leva cerca de 24 horas para realizar uma volta completa ao redor do próprio eixo.

Representação sem proporção de tamanho e distância entre os elementos.

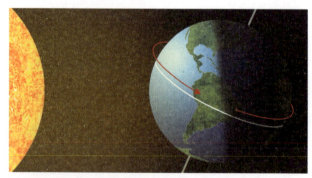

Nesta imagem, é dia na maior parte do Brasil. Nosso país está na região iluminada pelo Sol.

Nesta imagem, é noite no Brasil. Ele está na região que não está recebendo luz do Sol.

 De onde vêm o dia e a noite?
Disponível em: <https://www.youtube.com/watch?v=Nux_3PVdo9U>. Acesso em: 1º dez. 2017.

Na véspera de seu aniversário, Kika aprende sobre os movimentos da Terra e o motivo de existirem o dia e a noite.

O movimento de translação e o ano

Além do movimento de rotação, a Terra também realiza o movimento de **translação**. Na translação, o globo terrestre gira em torno do Sol. Cada ciclo completo de translação demora cerca de 365 dias e 6 horas, ou seja, aproximadamente 1 ano. Observe, a seguir, um esquema do movimento de translação.

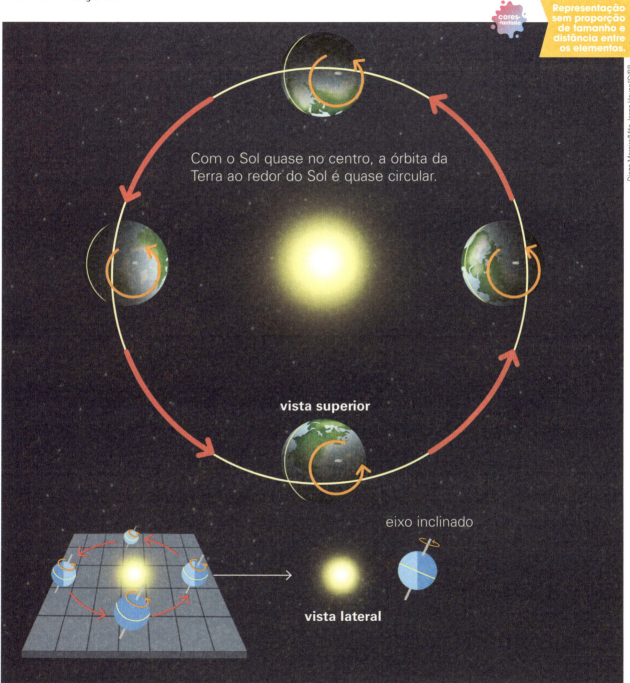

Na imagem, estão representados os movimentos de translação (setas vermelhas) e rotação (setas laranja) da Terra. Note que o planeta realiza a rotação e a translação com o eixo inclinado, sempre para o mesmo lado. Nas imagens das diferentes vistas (superior e lateral), a Terra foi representada em momentos distintos de translação. Nas duas vistas da imagem, a Terra ocupa quatro posições distintas de sua órbita.

A Lua se move

Você já reparou que a Lua parece mudar de forma no céu durante o mês?

Na realidade, a Lua tem um formato que não muda e que é aproximadamente esférico, assim como a Terra. Mas a aparência da Lua se altera, ao longo do mês, para quem a vê da Terra. Vamos entender as causas desse fenômeno.

As fases da Lua

As mudanças na aparência da Lua são chamadas de **fases**. Uma fase termina e outra se inicia sempre em continuidade.

As quatro principais fases da Lua são: **lua cheia; quarto minguante; lua nova; quarto crescente**.

As fases da Lua existem porque a área lunar iluminada pelo Sol, e que enxergamos da Terra, varia. Isso ocorre como consequência do movimento da Lua ao redor da Terra.

Acompanhe, nas imagens abaixo, o posicionamento do sistema Terra, Lua e Sol que ocasiona as principais fases da Lua.

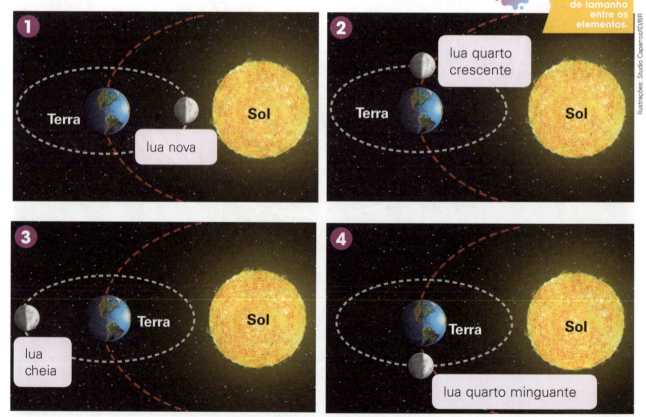

Representação sem proporção de tamanho entre os elementos.

Representação simplificada do movimento da Lua ao redor da Terra. Quando a Lua está entre a Terra e o Sol (**1**), não conseguimos ver nenhuma porção de sua face iluminada; é como se a Lua não estivesse no céu noturno. Conforme ela gira ao redor da Terra (**2**), a porção iluminada da Lua cresce até que a face voltada para a Terra fique toda iluminada (**3**). Depois, essa porção vai ficando cada vez menor (**4**) até não conseguirmos mais enxergar a Lua no céu (**1**).

Agora observe a ilustração abaixo. Ela mostra a porção de área iluminada da Lua que somos capazes de ver, daqui da Terra, em diferentes posições da Lua em relação à Terra e ao Sol.

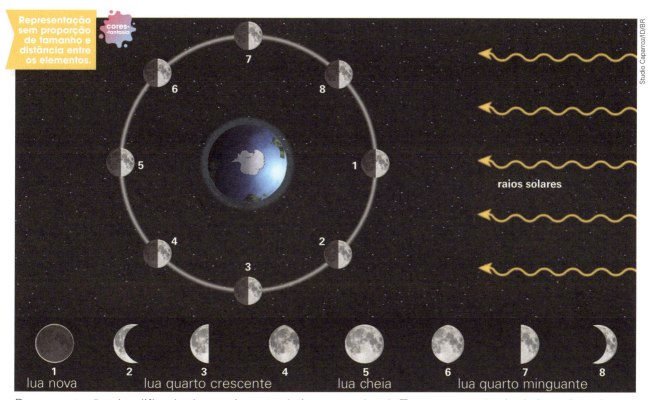

Representação simplificada do movimento da Lua ao redor da Terra e a aparência da Lua vista da Terra (parte de baixo da imagem). O Sol estaria à direita da imagem.

As fotos a seguir representam de maneira mais fiel a Lua como a vemos ao longo de um ciclo de 28 dias.

Mudanças na aparência da Lua ao longo de um ciclo de 28 dias.

Na prática

Observando as fases da Lua

Quanto tempo é necessário para a Lua em quarto minguante mudar para lua nova? E quantos dias leva para a lua cheia voltar a aparecer? Registre suas respostas no caderno. Depois, realize a atividade a seguir.

Você vai precisar de:
- uma folha de cartolina branca
- uma régua (de 30 cm ou mais)
- um lápis ou lapiseira comum
- um lápis de cor cinza

Experimente

1. Utilizando a régua e o lápis preto, desenhe na cartolina uma tabela com 6 colunas e 10 linhas. Assim, devem ser formados 60 quadrados. Numere os quadrados de 1 a 60.

2. Com o lápis cinza, desenhe um círculo em cada quadrado. Os círculos representarão a Lua. Você pode usar, como modelo para o círculo, a tampa redonda de algum recipiente.

3. Faça, durante a noite, uma observação da Lua. Com o lápis preto, desenhe no primeiro quadrado da cartolina, sobre o traçado do círculo, a forma que a Lua aparenta nessa primeira noite. Pinte de preto a parte da Lua que você não enxerga. Anote o horário da observação.

14 catorze

4. Nas noites em que o céu estiver nublado, escreva sobre o círculo: "Não foi possível ver a Lua, céu nublado".
5. Repita o passo 3 nos 59 dias seguintes.
6. Passados os 60 dias, traga a cartolina para a sala. Compare os desenhos feitos na cartolina com as imagens das páginas 12 e 13. Escreva em cada um dos 60 quadrados da tabela a fase da Lua correspondente.
7. Conte quanto tempo (em dias) cada fase da Lua durou.

Responda

1. Quanto tempo demorou para que a Lua em quarto minguante mudasse para lua nova? E, nas demais fases, quanto tempo foi necessário até que a Lua passasse de uma fase para a fase seguinte?

2. Identifique a primeira ocorrência da lua cheia que você anotou. Depois, responda: Quantos dias se passaram até que a lua cheia ocorresse novamente? Faça o mesmo com a lua nova, a lua em quarto crescente e a lua minguante.

3. Você encontrou alguma dificuldade para realizar esta atividade? Em caso afirmativo, qual? Comente com os colegas.

Imagens da Lua
Disponível em: <https://www.lpi.usra.edu/resources/apollopanoramas/>. Acesso em: 1º dez. 2017.

Agora que você já estudou a Lua vista da Terra, que tal conhecê-la de pertinho? No *site* acima, veja fotos feitas pelas missões Apollo, da Nasa, agência espacial americana, obtidas diretamente em solo lunar. *Site* em inglês.

Um pouco de história

Desde a Antiguidade, estudiosos elaboraram **modelos** para explicar e entender fenômenos da natureza. Modelos podem ser representações de situações que acontecem no Universo, como os movimentos dos astros.

Aristóteles: a Terra como centro do Universo

Na Antiguidade, o pensador grego Aristóteles propôs um modelo de organização do Universo. Ele o imaginou como uma esfera, com a Terra, imóvel, no centro. Em torno da Terra girariam os astros do céu. A Terra seria, portanto, o centro do Universo.

Esse modelo é chamado de **geocêntrico**. Essa palavra tem origem grega: *geo* = Terra; *cêntrico* = centralizado, localizado na parte central. Observe abaixo uma representação desse modelo.

Aristóteles nasceu em 384 a.C., em Estagira, e morreu em 322 a.C., em Cálcia, cidades da atual Grécia.

Representação simplificada de modelo geocêntrico. Observe a Terra no centro do que seria o Universo. (Somente alguns planetas estão representados.)

Representação sem proporção de tamanho e distância entre os elementos.

O modelo de Aristóteles foi aceito durante vários séculos. Se você olhar para o céu, a olho nu, em uma noite estrelada, terá realmente a impressão de que a Terra está parada e de que as estrelas vão mudando de lugar à medida que o tempo passa. O mesmo acontece com o Sol, que parece mudar de lugar ao longo do dia, enquanto a Terra parece ficar parada.

Copérnico e Galileu: o Sol como centro do Universo

O astrônomo Galileu Galilei, usando uma luneta, descobriu em 1610 que existem satélites naturais se movendo em torno do planeta Júpiter. Essa descoberta mostrou que nem todos os astros giravam ao redor da Terra.

Com base em seus estudos, Galileu retomou as ideias do astrônomo polonês Nicolau Copérnico, desenvolvidas um século antes. Copérnico defendia outro modelo de organização do Universo, no qual o Sol seria o centro. Por isso, esse modelo é chamado de **heliocêntrico**: *hélio* = Sol; *cêntrico* = centralizado, localizado na parte central. A palavra "heliocêntrico" também tem origem grega.

Observe abaixo uma representação do modelo heliocêntrico.

Nicolau Copérnico nasceu em 1473, em Torun, e morreu em 1543, em Frombork, cidades da atual Polônia.

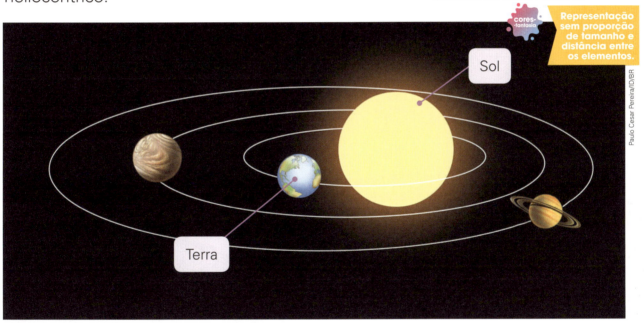

Representação simplificada do modelo heliocêntrico. Observe o Sol colocado no centro do que seria o Universo. (Somente alguns planetas estão representados.)

Atualmente, sabe-se que o Sol está no centro do Sistema Solar, não do Universo, e que os astros desse sistema, incluindo a Terra, giram ao seu redor.

1 A palavra "modelo" pode ser usada com diferentes significados. Pesquise esses diferentes sentidos em um dicionário e copie abaixo a definição que julgar correspondente ao significado usado nesta página e na anterior.

Pessoas e lugares

Astronomia Tembé

Os Tembé são um grupo indígena brasileiro que pertence à família linguística conhecida como tupi-guarani. Os Tembé tiveram seus direitos territoriais plenamente reconhecidos pelo Estado brasileiro em 2004.

Localização dos Tembé

A etnia Tembé está distribuída entre os estados do Pará e do Maranhão, na Região Norte do Brasil.

Fonte de pesquisa: Tembé. Instituto Socioambiental. Disponível em: <https://povosindigenas.org.br/pt/povo/tembe/1023>. Acesso em: 7 fev. 2018.

Ao longo de sua história, muitos grupos indígenas falantes de línguas tupi-guarani (como os próprios Tembé, mas também os Guarani e os Tupinambás, por exemplo) observaram o céu e aprenderam a relacionar a posição dos astros a fenômenos naturais como as estações de chuva e seca e os períodos em que as plantas dão flores e frutos. Sobre isso, leia o texto na página ao lado.

Criança tupi-guarani.

Contam os índios Tembé da Amazônia que, há muito tempo, existia uma grande aldeia nas margens do rio Capim, no Estado do Pará. Nela, vivia um cacique que tinha uma filha muito linda, de olhos e cabelos negros, lisos e muito longos. Essa moça, chamada Flor da Noite, gostava de ficar às margens do rio, observando o pôr do sol. Em uma noite de lua cheia, a indiazinha adormeceu na praia e foi acordada por um estranho barulho que vinha do rio. De repente, ela viu um rapaz saindo da água. No início, teve medo, mas, depois, eles passaram a namorar, sempre em noite de lua cheia. No entanto, seu namorado era um boto cor de rosa.

De madrugada, após o namoro, ele sumia nas águas do rio, voltando a ser boto. Depois de engravidá-la, desapareceu para sempre. Nove luas e meia se passaram, e, finalmente, Flor da Noite deu à luz. Para surpresa de todos, em vez de três crianças, nasceram três botos cor-de-rosa. Flor da Noite ficou assustada, pois não poderia criá-los fora da água. Então, embora muito triste, resolveu soltá-los nas águas para que não morressem. Ao sentir saudades da mãe, os três botinhos unem-se e saem à sua procura, saltando sobre as águas, na lua nova e na lua cheia, fazendo uma grande onda, que se estende até as margens do rio, derrubando árvores e virando embarcações. Assim surgiu a **pororoca**.

O boto-cor-de-rosa é um mamífero aquático de água doce que vive nos rios da bacia amazônica.

O fenômeno da pororoca acontece no encontro do rio com o mar e pode ocasionar grandes ondas. São Domingos do Capim, PA. Foto de 2017.

Pororoca: encontro da correnteza do rio com as ondas do mar durante o período da maré alta.

Germano Afonso. O céu dos índios do Brasil. Disponível em: <http://www.sbpcnet.org.br/livro/66ra/PDFs/arq_1506_1176.pdf>. Acesso em: 1º dez. 2017.

1. Você conhece ou pertence ao grupo Tembé? E outros grupos indígenas brasileiros falantes de línguas tupi-guarani? Converse com os colegas.

2. Na sua opinião, qual a importância de lendas ou mitos como esse para a cultura e a vivência social de um povo?

3. Podemos relacionar a lenda que você leu acima a um (ou alguns) fenômeno(s) astronômico(s) estudado(s) neste capítulo? Em caso afirmativo, qual (ou quais)?

Aprender sempre

1 Observe as fotos abaixo. Elas foram tiradas no mesmo lugar, com algumas horas de intervalo. Observe como o astro apontado pela seta parece ter mudado de posição em relação ao horizonte. Depois, responda às questões no caderno.

astro afastado do horizonte

o mesmo astro perto do horizonte

Fotos feitas na Califórnia, Estados Unidos.

a. Roberto afirmou que "O astro apontado na imagem está girando ao redor da Terra". Você concorda com Roberto? Por quê?

b. Joana afirmou que "Não é apenas o Sol que nasce e se põe diariamente, as estrelas também nascem e se põem". Você concorda com Joana? Por quê?

c. Experimente observar um astro no céu à noite. Procure um ponto de referência próximo a você, como uma árvore ou um prédio. Observe o mesmo astro novamente após uma ou duas horas. O que você observou?

2 As crianças da imagem ao lado estão representando dois astros do Sistema Solar.

a. O menino representa a Terra. Qual astro está sendo representado pela menina?

b. Qual movimento é indicado pela seta azul? E pela seta vermelha? Responda no caderno.

3 Carlos mora em uma pequena cidade do litoral brasileiro onde não há energia elétrica. Todas as noites, ele acompanha sua mãe até a casa de uma amiga dela.

■ Quais fases da Lua seriam mais propícias para eles caminharem à noite sem usar lanterna? Desenhe essas fases no espaço abaixo.

4 Analise o mapa e responda às questões.

Fonte de pesquisa: *Atlas geográfico escolar*. 6. ed. Rio de Janeiro: IBGE, 2012. p. 90.

a. O que é a linha do Equador? Localize-a no mapa.

_____

_____

b. Em qual estado você mora? Seu estado pertence a qual hemisfério?

_____

5 Com dois colegas, leia o texto e responda às questões no caderno.

> [...] Os indígenas associavam as estações do ano e as fases da Lua com a biodiversidade local, para determinarem a época de plantio e da colheita [...]. Eles consideram que a melhor época para certas atividades, tais como a caça, o plantio e o corte de madeira, é perto da lua nova, pois perto da lua cheia os animais se tornam mais agitados devido ao aumento de luminosidade [...].

Germano B. Afonso. Astronomia indígena. *Anais da 61ª Reunião Anual da SBPC*. Manaus, jul. 2009. Disponível em: <http://www.sbpcnet.org.br/livro/61ra/conferencias/CO_GermanoAfonso.pdf>. Acesso em: 31 mar. 2017.

a. De que maneira os conhecimentos astronômicos são úteis aos povos indígenas?

b. Por que é importante preservar conhecimentos como esse?

CAPÍTULO 2

O ser humano e o espaço sideral

A vontade de entender e conhecer o Universo levou o ser humano a desenvolver, ao longo da história, diversas tecnologias de observação e exploração espacial. Lunetas, telescópios, satélites e espaçonaves estão entre as máquinas criadas para auxiliar o ser humano nessa exploração. Veja a foto a seguir.

Astronauta no espaço, com a Terra vista ao fundo. Foto de 1984.

▶ Como você imagina que essa foto foi tirada?

▶ Por que você acha que o astronauta usava uma roupa especial?

▶ Imagine que você foi escolhido para fazer uma viagem espacial. Se pudesse decidir o destino dessa viagem, que lugar você gostaria de conhecer? Por quê? E, quando chegasse lá, o que gostaria de saber sobre o lugar?

Instrumentos de observação

Durante milhares de anos, o ser humano observou o céu a olho nu, isto é, sem o uso de instrumentos. Esse tipo de observação possibilitou a diversos povos se orientar na Terra e prever a ocorrência de estações propícias para plantar e colher.

Em locais com pouca luz e longe da poluição das grandes cidades, é possível ver, a olho nu, grande quantidade de astros no céu. Ucrânia, foto de 2015.

A luneta de Galileu

Galileu Galilei foi um importante astrônomo. Ele nasceu em 1564, em Pisa, e morreu em 1642, em Florença, cidades da atual Itália. Por volta de 1609, ele foi um dos primeiros a observar o céu com uma **luneta** – instrumento que possibilita ver mais de perto um objeto que está distante. A luneta é composta de um tubo oco com lentes de aumento em seu interior.

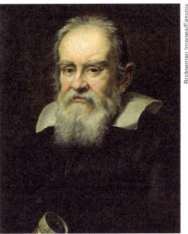

Retrato de Galileu feito pelo pintor Justus Sustermans em 1636.

Luneta original de Galileu, construída em 1609.

■ Descobertas de Galileu

Ao apontar sua luneta para o céu, Galileu observou astros como a Lua e alguns planetas e registrou suas descobertas por meio de desenhos e anotações.

Galileu verificou, por exemplo, que existiam montes e crateras na superfície da Lua. Até então, as pessoas acreditavam que a Lua fosse completamente lisa.

Desenho da superfície da Lua feito por Galileu em 1610.

Na prática

Instrumentos de observação a distância

Os astros estão muito distantes da Terra. Por esse motivo, nem sempre é possível perceber características dos astros a olho nu. Contudo, para facilitar essa visualização, foram criados instrumentos de observação a distância. Um exemplo é a luneta.

A estrutura básica de uma luneta é formada por dois tubos que deslizam entre si, e duas lentes, uma maior que a outra. Cada lente fica presa à extremidade de um tubo. Será que é possível criar uma luneta com materiais simples, do seu dia a dia? Vamos descobrir nesta atividade.

Luneta moderna.

Vocês vão precisar de:

- uma lupa pequena
- uma lupa grande
- materiais diversos (serão decididos na execução da atividade)

Experimentem

1. Formem grupos de quatro componentes e pensem em como vocês poderiam construir uma luneta aplicando o que vocês sabem sobre sua estrutura básica. Se preciso, façam uma pesquisa. Discutam os materiais que vocês podem utilizar e o que seria feito com cada um. Dica: vocês precisam fazer uma parte móvel, para que o tubo com a lupa menor possa ser deslocado para a frente e para trás.

2. Escrevam no caderno o projeto do seu grupo, descrevendo os materiais usados e as etapas para a construção da luneta.

3. Apresentem o projeto do seu grupo para o professor e o restante da turma. Se necessário, revejam as etapas da construção da luneta e os materiais utilizados, considerando as sugestões do professor e dos colegas.

4. Após a aprovação do projeto pelo professor, passem para a execução da luneta. Sigam as etapas que vocês escreveram no caderno.

5. Quando a luneta estiver pronta, testem-na. Para ajustar o foco, desloquem lentamente o tubo móvel para a frente e para trás, até conseguir melhorar a imagem.

6. Revezem-se para que a cada dia um componente do grupo leve a luneta para casa. Observem o céu noturno com e sem o uso da luneta. A focalização pode ser difícil quando nos mexemos. Por isso, se for possível, apoiem a luneta em um suporte durante a observação. Pode ser um tripé, um muro baixo ou apoios semelhantes.

Luneta feita com materiais simples.

Responda

1 Quais materiais vocês utilizaram para fazer a luneta?

2 Vocês tiveram alguma dificuldade na montagem da luneta? Se sim, contem qual foi e expliquem como ela foi solucionada.

3 Você percebeu alguma diferença ao observar o céu a olho nu e depois com o uso da luneta? Se sim, qual?

4 Para que uma luneta pode ser utilizada?

Novos instrumentos

Com o passar do tempo, a luneta foi aperfeiçoada e outros instrumentos de observação a distância foram inventados, como binóculos e telescópios. Esse desenvolvimento possibilitou importantes descobertas sobre o Universo.

Instrumentos de observação a distância são construídos com lentes que aproximam do observador a imagem do objeto visualizado. Veja um exemplo que mostra a observação de Saturno.

 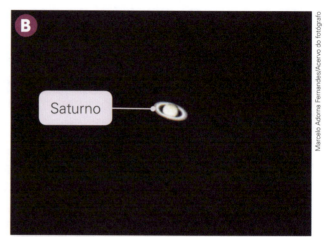

Saturno visto no céu noturno de duas formas. **A:** A olho nu. **B:** Por um telescópio amador, em Araraquara, São Paulo, em 2004.

Atualmente, os astrônomos contam com grandes e potentes telescópios. Em 1990, foi lançado ao espaço o telescópio Hubble, que é comandado da Terra por pesquisadores que usam avançados computadores e satélites artificiais para operá-lo. O Hubble envia imagens de regiões do Universo muito distantes.

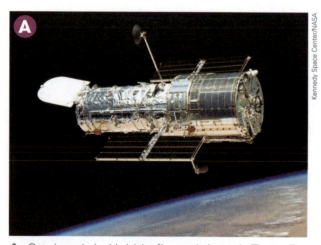 

A: O telescópio Hubble fica próximo da Terra. Foto de 2009. **B:** Foto de Saturno obtida pelo telescópio espacial Hubble. Foto de 2004.

1 Compare as fotos de Saturno presentes nesta página e responda: Qual é a importância dos instrumentos de observação a distância para os cientistas?

Na prática

Observando as constelações no céu noturno

Por muito tempo as constelações vêm ajudando os seres humanos em diversas atividades. Você já tentou identificar algumas constelações no céu noturno? Em caso afirmativo, que constelações você viu?

Para ver as constelações é necessário que a noite tenha algumas condições para que as estrelas estejam bem visíveis. Por exemplo: poucas nuvens no céu; uma fase da Lua que ilumine pouco o ambiente; e um local onde a interferência das luzes artificiais (de residências, comércio, postes de luz, etc.) ou da poluição atmosférica seja pequena.

Ainda que todas as condições citadas acima estejam presentes, é difícil organizar, em nossa mente, as centenas ou os milhares de pontinhos luminosos que vemos e, assim, identificar as famosas constelações. Com alguns recursos, essa tarefa pode ficar mais fácil. Vamos tentar?

Você vai precisar de:
- um mapa celeste ou aplicativos digitais de astronomia
- a luneta construída na atividade das páginas 24 e 25

Experimente

1. Observe, abaixo, a representação de alguns astros que normalmente são distinguíveis no céu noturno visto do hemisfério Sul da Terra.

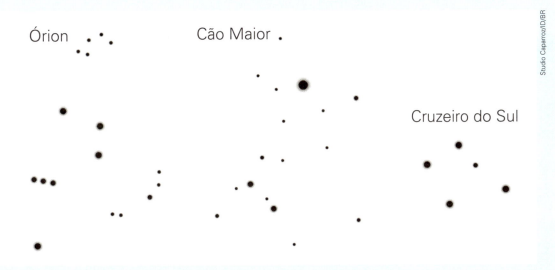

Conhecendo as constelações
Disponível em: <http://www.observatorio.ufmg.br/dicas13.htm>. Acesso em: 5 dez. 2017.

A página apresenta algumas constelações que fazem parte do céu noturno brasileiro.

2. Com a ajuda do mapa celeste ou aplicativo digital, trace, com o lápis, na representação dos astros da página anterior, as seguintes constelações: Órion, Cão Maior e Cruzeiro do Sul.

3. Faça uma pesquisa sobre quais constelações podem ser vistas no céu noturno da sua região nesta época do ano. Anote os nomes das constelações no caderno e identifique-as no aplicativo ou mapa celeste.

4. Leve a luneta para casa e faça observações do céu noturno por cerca de cinco noites seguidas. Faça desenhos de suas observações.

5. Tente identificar as constelações de Órion, Cão Maior e Cruzeiro do Sul, além das que você anotou no caderno. Na constelação de Órion, tente localizar as Três Marias (três estrelas próximas e enfileiradas).

Responda

1 Quais constelações você conseguiu identificar?

_____
_____

2 A atividade em sala com o mapa celeste ou aplicativo digital ajudou na localização das constelações no céu? Por quê?

_____
_____
_____

3 A luneta tornou mais fácil a observação do céu? Comente.

_____
_____
_____

4 Qual é a importância de recursos como os mapas celestes e a luneta para o estudo e a compreensão dos astros celestes?

 Cidades ideais para observar estrelas
Disponível em: <http://g1.globo.com/brasil/noticia/2010/10/g1-lista-10-cidades-ideais-para-observar-estrelas.html>. Acesso em: 6 dez. 2017.

A página traz imagens interativas com informações sobre bons pontos de visualização do céu noturno no Brasil, além da localização de algumas constelações.

Viagens e equipamentos espaciais

Demorou muito tempo até que as viagens espaciais deixassem de ser um sonho e se tornassem realidade. Para isso, foi necessário muito estudo, ampliar os conhecimentos, desenvolver materiais e equipamentos.

As viagens e os equipamentos espaciais foram responsáveis por diversas descobertas sobre o Universo e a Terra.

> **Tripulado:** com tripulantes, isto é, com pessoas a bordo.

Viagem à Lua

Por enquanto, a Lua é o único astro visitado por seres humanos. A primeira viagem **tripulada** em que seres humanos desembarcaram na Lua aconteceu em julho de 1969.

Os astronautas permaneceram na superfície lunar por duas horas, instalaram aparelhos, coletaram algumas rochas e tiraram fotos. Nos anos seguintes, foram feitas outras viagens tripuladas à Lua. A última ocorreu em 1972.

Lançamento do foguete Saturno V, da missão Apollo 11, que levou os astronautas até a Lua em julho de 1969. O foguete era tão alto quanto um prédio de 36 andares.

Equipamentos espaciais

Mesmo antes da primeira viagem de astronautas à Lua, os cientistas já haviam desenvolvido diversos equipamentos e materiais para essas missões. Muitos deles foram posteriormente adaptados para a vida cotidiana e hoje beneficiam milhões de pessoas. Veja alguns exemplos:

A roupa dos astronautas os protege dos raios solares e das temperaturas extremas. Foto do astronauta Edwin Aldrin caminhando sobre a Lua em 1969.

- os tecidos resistentes ao calor, como os que são usados em roupas de bombeiros, foram desenvolvidos inicialmente para os trajes espaciais;
- os tênis foram desenvolvidos com base em modelos de calçados projetados para os astronautas;
- muitos aparelhos elétricos sem fio, como a broca (usada para perfurar madeira, metal, pedra, etc.), foram desenvolvidos em pesquisas espaciais.

Satélites artificiais

Os **satélites artificiais** são equipamentos usados nas **telecomunicações** e **previsões meteorológicas**, entre outras aplicações. Eles são lançados ao espaço e ficam orbitando a Terra, ou seja, dando voltas ao redor do planeta.

O Brasil tem um programa de lançamento de satélites em conjunto com a China, chamado CBERS (pronuncia-se "sibers"), estabelecido desde 2002.

Uma vez no espaço, esses equipamentos produzem e enviam à Terra imagens que têm usos diversos, como monitorar áreas de floresta, desastres naturais, vazamentos de petróleo em alto-mar, entre outros.

Telecomunicação: comunicação feita por sinais enviados a longa distância, por equipamentos com ou sem fio.
Previsão meteorológica: previsão do tempo (se haverá chuva ou sol, por exemplo).

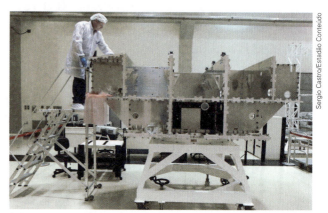

Montagem do satélite CBERS-4 no Instituto Nacional de Pesquisas Espaciais (Inpe), em São José dos Campos, SP. Foto de 2013.

1 A imagem ao lado foi produzida pelo satélite CCD/CBERS-2. Ela mostra a região de Belém (em rosa; imagem colorizada), capital do estado do Pará. Converse com os colegas:

a. Que tipo de informações vocês acham que essa imagem pode fornecer?

b. É importante que o Brasil tenha um programa de desenvolvimento de satélites? Por quê?

 De olho no céu: lista de observatórios nacionais abertos à visitação
Disponível em: <http://www.ebc.com.br/tecnologia/2015/03/de-olho-no-ceu-lista-de-observatorios-nacionais-abertos-visitacao>. Acesso em: 6 dez. 2017.

Acesse o endereço indicado e consulte os observatórios abertos à visitação em várias regiões do Brasil.

Sondas espaciais

As **sondas espaciais** são equipamentos que realizam viagens não tripuladas e são comandadas por técnicos e computadores instalados em centros de pesquisa na Terra.

As sondas colhem fotos e outras informações do espaço e as transmitem para os centros de pesquisa. Elas podem ser enviadas a lugares mais distantes do que a Lua, como Marte, que já recebeu sondas espaciais e até robôs.

Há projetos para futuras viagens tripuladas para Marte e novas expedições à Lua, porém essas iniciativas são muito caras. Atualmente, parte das viagens espaciais tem o objetivo de levar equipamentos ao espaço ou fazer a manutenção em equipamentos que estão na órbita da Terra.

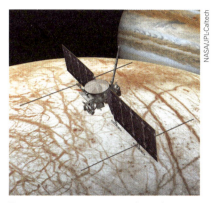

Representação artística de uma sonda espacial.

2 Leia a reportagem abaixo e depois responda às questões no caderno.

A Nasa anunciou a existência de água na forma líquida em Marte na última segunda-feira [28 set. 2015]. [...] De acordo com a agência espacial americana, a descoberta aumenta as possibilidades de que exista, atualmente, algum tipo de vida no planeta. Água na forma líquida é uma das condições primordiais para o surgimento e desenvolvimento de vida em qualquer parte do Sistema Solar.

A: O jipe-robô Curiosity (com cerca de três metros de comprimento e dois metros de largura) foi responsável pela coleta e análise de dados na superfície de Marte. **B**: Foto tirada pelo Curiosity em Marte em 2012 (versão tratada da imagem original).

[...]
Contudo, apesar de essencial, ela não é sinônimo do surgimento de vida. Para que isso aconteça, vários outros elementos precisam se somar à existência de água. [...]

Gabriela Neri e Rita Loiola. A Nasa achou água líquida em Marte. O que falta para encontrar vida? *Veja.com*, 29 set. 2015. Disponível em: <http://veja.abril.com.br/ciencia/a-nasa-achou-agua-liquida-em-marte-o-que-falta-para-encontrar-vida/>. Acesso em: 19 abr. 2017.

a. De que descoberta a reportagem trata?

b. Essa descoberta significa que existe vida em Marte?

Vamos ler imagens!

O "Nascer da Terra" em uma fotografia espacial

Você já imaginou como seria estar na Lua e ver a Terra no céu? É o que mostra a fotografia conhecida como "Nascer da Terra". Ela foi tirada em 24 de dezembro de 1968 pelo astronauta estadunidense Bill Anders, um dos tripulantes da missão Apollo 8. Em 1968, a Apollo 8 chegou até a órbita da Lua, mas não pousou na superfície dela.

A "Nascer da Terra" é uma **fotografia espacial**, ou seja, uma imagem obtida a distâncias muito superiores àquelas em que são tiradas as fotografias aéreas por satélites que orbitam a Terra. No caso das fotografias espaciais, os aparelhos fotográficos devem estar a bordo de espaçonaves ou satélites.

Naquela época, a fotografia causou muito impacto por mostrar a Terra vista do espaço e detalhes da superfície da Lua, e também por ter sido a primeira fotografia tirada por seres humanos mostrando a Terra **vista do espaço**.

"Nascer da Terra", foto da Terra vista da Lua, feita em 1968 pelo astronauta Bill Anders.

A fotografia "Nascer da Terra" foi tirada com o uso de uma câmera com filme colorido acoplada a uma lente chamada **teleobjetiva**, que é uma lente de **longo alcance** capaz de registrar os **detalhes do espaço**. Durante o registro dessa fotografia, a Lua estava entre a nave espacial e a Terra.

Ao fundo, imagem da Terra vista dos anéis de Saturno. Essa imagem é resultado de uma composição elaborada pela junção de diversas fotos colorizadas por computador.

A Terra, aliás, não foi fotografada apenas da Lua. A imagem acima foi obtida pela sonda espacial Cassini em 2006. Vemos o planeta Saturno grande, de perto, e ao fundo o planeta Terra.

Agora é a sua vez

1. Na sua opinião, a expressão "Nascer da Terra" descreve bem o que se observa na fotografia? Justifique sua resposta.

2. Observando essa mesma fotografia, a Terra aparenta ser menor que a Lua. Isso é real? Explique.

3. Compare o tamanho da Terra na imagem **A** em relação à foto **B**. Em que situação ela está menor? O que o tamanho tem a ver com a distância em que nosso planeta está?

4. A imagem **B** foi tirada dentro ou fora do Sistema Solar? Justifique.

5. O que a fotografia **A** revela sobre a superfície da Lua?

Aprender sempre

1 A imagem abaixo mostra um grupo de crianças observando o céu noturno com um telescópio.

a. Para que serve um telescópio?

_____

b. Com um telescópio comum é possível ver vários astros com mais nitidez do que a olho nu. Mas atualmente existem equipamentos bem mais potentes. Indique o nome de um deles.

_____

_____

2 Astrônomo é o profissional que estuda o Universo e os astros, como as estrelas, os planetas e os satélites. Ele procura desvendar os movimentos, a estrutura, a idade e outras características desses corpos celestes.

- Se você fosse astrônomo ou astrônoma, o que gostaria de pesquisar?

Astrônoma Beatriz Barbuy utilizando um telescópio. Ela é professora e pesquisadora do Instituto de Astronomia, Geofísica e Ciências Atmosféricas da Universidade de São Paulo (IAG-USP).

3 Lixo espacial é o nome que se dá aos objetos que orbitam a Terra e não possuem mais utilidade para os seres humanos. Podem ser desde um satélite desativado até um fragmento de espaçonave. Leia o texto a seguir e responda as questões no caderno.

> Segundo contagem mais recente do lixo espacial feita em 2016 pelo Comando Estratégico da Nasa, a agência espacial americana, há mais de 17 mil objetos em órbita [...] da Terra. O levantamento leva em conta apenas objetos grandes o suficiente para serem rastreados.

Juliana D. de Lima. Qual o tamanho do lixo espacial. E como lidar com o problema. *Nexo Jornal*. 6 out. 2017. Disponível em: <https://www.nexojornal.com.br/expresso/2017/10/06/Qual-o-tamanho-do-lixo-espacial.-E-como-lidar-com-o-problema>. Acesso em: 26 out. 2017.

a. Faça uma pesquisa e cite dois riscos que o lixo espacial pode trazer.

b. Converse com os colegas sobre a seguinte questão: A produção de lixo espacial é uma consequência que devemos aceitar em benefício da exploração espacial?

4 A foto ao lado mostra o exterior de um planetário construído em Cambridge, na Grã-Bretanha, por volta do ano 1750 e mantido até 1871. No interior dele, trinta pessoas podiam assistir sentadas à projeção dos movimentos dos planetas do Sistema Solar e da passagem das estrelas durante a noite.

a. Vocês acham que hoje as dúvidas e o interesse das pessoas em relação à astronomia mudaram ou são os mesmos daquela época?

b. Em sua opinião, o público que frequentava planetários antigamente era o mesmo que os frequenta nos dias de hoje?

c. Vocês acham que o trabalho desenvolvido pelos astrônomos naquela época era parecido com o trabalho dos astrônomos nos dias de hoje?

CAPÍTULO 3

O ar

Leia a história em quadrinhos a seguir.

- Observe o último quadrinho. O que existe dentro do copo além do papel?

- O que você acha que aconteceu com o papel? Como você explica isso?

- O que teria acontecido com o papel se o menino tivesse inclinado o copo? Troque ideias com seus colegas.

- Se o copo tivesse um furo na lateral, o resultado seria o mesmo? Por quê?

Onde está o ar?

O ar envolve todo o planeta e forma uma camada chamada **atmosfera**. Ele está ao redor das pessoas, nos poros do solo, dissolvido na água e dentro do corpo dos seres vivos. Na respiração, é possível sentir o ar passando para dentro e para fora do corpo através do nariz ou da boca. Um copo "vazio", na verdade, está cheio de ar.

Quanto mais próximo do nível do mar, mais ar está presente na atmosfera. Quanto maior a altitude, menos ar está presente na atmosfera, isto é, mais **rarefeito** ele fica. Por isso, é mais difícil respirar em locais com maior altitude, como no topo de certas montanhas.

Representação da atmosfera, a camada de gases que envolve a Terra. De acordo com alguns cientistas, ela pode ter mais de 1 000 km de espessura. Quanto maior a distância da superfície, mais rarefeita é a atmosfera.

A composição do ar

O ar é formado por uma mistura de **gás nitrogênio**, **gás oxigênio**, **gás carbônico** e outros gases. O diagrama abaixo representa as proporções dos gases que compõem o ar.

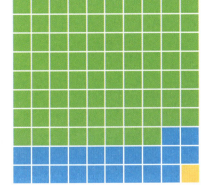

 O gás nitrogênio é o que está presente em maior concentração no ar. Em 100 litros de ar, 78 litros são de gás nitrogênio.

 O gás oxigênio é indispensável para a respiração da maioria dos seres vivos, entre eles as plantas e os animais. Em 100 litros de ar, 21 litros são de gás oxigênio.

 Os outros gases que compõem o ar correspondem, juntos, a apenas 1 litro em 100 litros de ar. Entre esses gases, está o gás carbônico.

trinta e sete 37

O que mais existe no ar?

Você já reparou nas gotas de água que se formam na superfície de um copo quando você toma uma bebida gelada em um dia quente? Isso acontece por causa do vapor de água que existe no ar. A temperatura do vapor de água está mais alta que a da superfície do copo. Assim, ao entrar em contato com o copo, esse vapor se **condensa**, isto é, passa do estado gasoso para o estado líquido. Estudaremos isso melhor no capítulo seguinte.

Também existe vapor de água no ar que você expira (solta). Se você expirar o ar bem perto de um espelho mais frio que você, ele ficará embaçado. Isso acontece porque o vapor de água contido no ar expirado se condensa ao entrar em contato com a superfície mais fria do espelho.

Em ambientes com baixas temperaturas, o vapor de água liberado na expiração se condensa em contato com o ar frio e forma uma névoa branca.

Repare nas pequenas gotas de água que se formam no lado de fora desta garrafa com água gelada.

O ar e a respiração

Você respira o tempo todo. Cada vez que respira, um pouco de ar entra em seus pulmões, e outro tanto sai deles. O ar que sai de seu corpo tem menos gás oxigênio e mais gás carbônico do que o ar que entra. Isso ocorre porque nosso **metabolismo** consome gás oxigênio e libera gás carbônico.

As plantas, os animais e muitos outros seres vivos, cada um a seu modo, também respiram.

O gás nitrogênio não é usado pelo corpo humano durante a respiração.

Metabolismo: transformações responsáveis por montar e desmontar substâncias diversas dentro de um organismo vivo.

Os peixes, como a corcoroca da foto (*Haemulon sciurus*), respiram o gás oxigênio que está dissolvido na água. Tartarugas, golfinhos, baleias e outros animais sobem à superfície para respirar.

O ar e a fotossíntese

O gás carbônico é essencial para a realização da fotossíntese.

Nesse processo, plantas e algas produzem o próprio alimento usando a luz do Sol, o gás carbônico do ar e a água do ambiente em que vivem.

Por meio da fotossíntese, além da nutrição das plantas e algas, ocorre a produção de gás oxigênio. Esse gás é liberado no ambiente e usado na respiração de plantas, algas, animais e outros seres vivos.

As plantas respiram o tempo todo, mas a fotossíntese só ocorre na presença de luz. Na imagem, a hortelã (Mentha spicata).

1 As figuras abaixo representam a composição do ar em dois momentos da respiração de uma pessoa: quando o ar entra no organismo e quando o ar sai dele. Responda às questões em seu caderno.

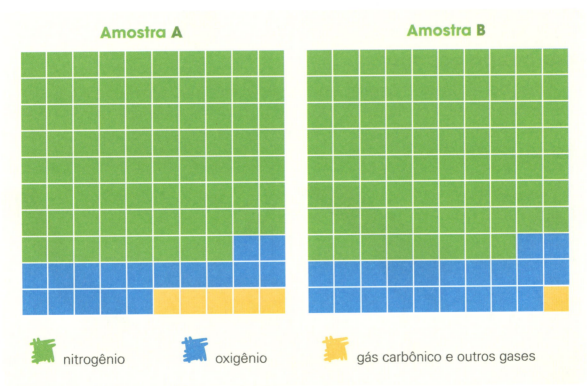

a. Qual dos gases representados é absorvido pelo corpo durante a respiração?

b. Qual das amostras corresponde ao ar que sai do corpo? Explique.

2 Animais, plantas e outros seres vivos consomem gás oxigênio durante a respiração. Como esse gás não acaba?

Como perceber o ar: propriedades

Não podemos ver nem pegar o ar. No entanto, podemos percebê-lo quando notamos suas propriedades ou percebemos o vento.

O ar tem massa

Observe as figuras a seguir. Na figura **A**, as duas bexigas estão cheias de ar. Quando uma das bexigas é esvaziada (figura **B**), a régua se inclina para o lado da bexiga que continua cheia. Isso mostra que o ar no interior da bexiga tem massa.

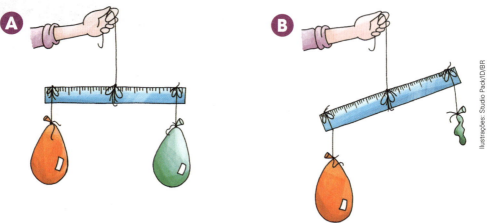

O ar ocupa espaço

Observe as fotos a seguir. Na foto **A**, a água não preenche a garrafa porque esse recipiente está cheio de ar. Quando a garrafa é inclinada, como na foto **B**, o ar que está dentro dela escapa, formando bolhas. A água entra na garrafa e ocupa o espaço deixado pelo ar.

Uma garrafa cheia de ar foi colocada verticalmente em um aquário com água.

A garrafa foi inclinada.

O ar se espalha

O ar não tem forma definida e tende a se espalhar até ocupar todo o espaço disponível no recipiente ou no ambiente em que estiver.

O ar pode ser comprimido

Além de se espalhar e ocupar todo o espaço disponível, o ar também pode ser comprimido, isto é, ser espremido de modo a ocupar um espaço menor dentro de um recipiente. Observe as figuras abaixo.

Êmbolo: disco ou cilindro móvel presente no interior de seringas e bombas.

Tapamos com o dedo o bico de uma seringa sem agulha.

Empurramos o **êmbolo** da seringa, que se move até certo ponto.

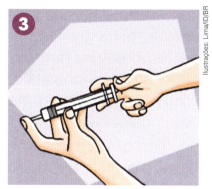
O ar, agora comprimido ao máximo dentro da seringa, impede que o êmbolo seja empurrado até o fim do tubo.

Ventos

O vento é um movimento do ar. Sentimos o vento sobre a pele e vemos, por exemplo, que ele balança as roupas no varal. Ventos muito fortes, como ciclones e furacões, podem derrubar árvores e destruir casas.

O vento se forma assim: o calor do Sol aquece a superfície terrestre e também o ar próximo a ela. O ar mais frio, acima daquele sendo aquecido, é mais "pesado" que o ar quente. Esse ar mais frio então desce e, ao fazê-lo, empurra o ar mais quente (e "leve") para cima.

Representação sem proporção de tamanho e distância entre os elementos.

Representação do movimento das massas de ar, que forma os ventos.

1 Responda no caderno: Um balão poderia flutuar se estivesse cheio de ar à temperatura ambiente? Por quê?

Alterações na atmosfera terrestre

Além do gás oxigênio (usado na respiração) e do gás carbônico (usado na fotossíntese), a atmosfera terrestre apresenta outros gases importantes.

Certos gases presentes na atmosfera retêm parte do calor que vem do Sol, impedindo que esse calor retorne para o espaço. Esse fenômeno, chamado de **efeito estufa**, evita grandes variações de temperatura entre o dia e a noite, que impossibilitariam a presença de vida no planeta tal como a conhecemos.

Um gás presente na atmosfera é o ozônio. Ele se concentra na chamada **camada de ozônio**. Localizada entre 10 e 50 quilômetros de distância da superfície da Terra, ela filtra parte dos raios ultravioleta emitidos pelo Sol, protegendo os seres vivos.

Representação do efeito estufa: a atmosfera retém parte do calor liberado pela superfície do planeta.

Poluição do ar

A composição da atmosfera vem sendo modificada pela ação humana, especialmente nos dois últimos séculos. Escapamentos de veículos, chaminés de indústrias e queimadas de florestas e plantações liberam impurezas no ar.

Quando as impurezas ficam muito concentradas, o ar torna-se poluído. Como os ventos movimentam massas de ar por todo o planeta, os poluentes produzidos em um lugar podem ser levados para locais distantes.

Fumaça sendo liberada por veículo. Pirapora do Bom Jesus, SP. Foto de 2016.

A poluição do ar pode causar problemas respiratórios. A inalação é um procedimento que ajuda a respirar melhor.

1 De que forma os escapamentos de veículos e as queimadas causam danos ao ar?

Aquecimento do planeta

As queimadas e o uso de combustíveis como gasolina e óleo *diesel* lançam poluentes no ar. O gás carbônico é um dos gases liberados nessas situações e está se acumulando em grandes quantidades na atmosfera.

Como retém calor próximo à superfície da Terra, o gás carbônico intensifica o efeito estufa, o que aumenta a temperatura média do planeta. Recentemente, cientistas têm pesquisado os efeitos do aumento da quantidade de gás carbônico no ar e maneiras de diminuir a emissão desse gás.

O aumento da temperatura média do planeta tem acentuado o derretimento das placas de gelo do polo Norte, que são parte importante do hábitat de muitos seres vivos, como os ursos-polares.

Danos à camada de ozônio

Há algumas décadas, cientistas verificaram que a camada de ozônio em certas regiões do planeta estava ficando menor. Essa diminuição causou a redução do efeito protetor desse gás contra os perigosos raios ultravioleta emitidos pelo Sol. Consequentemente, os seres vivos passaram a ficar mais expostos a esses raios.

A principal causa da destruição do ozônio foi o uso industrial de gases chamados clorofluorcarbonetos (CFCs), encontrados, por exemplo, em aerossóis e geladeiras.

A partir dos anos 1980, os CFCs começaram a ser substituídos por outros gases, inofensivos para a camada de ozônio. No entanto, parte dos CFCs permanece por muito tempo na atmosfera. Por isso, acredita-se que ainda sejam necessários alguns anos para a camada de ozônio se recuperar.

Atualmente, muitos produtos em aerossol informam no rótulo que não contêm CFCs.

2 Por que a destruição da camada de ozônio prejudica seres humanos e outras formas de vida? Responda no caderno.

Cuidando do ar

Algumas medidas podem ajudar a diminuir a poluição do ar.

Uma delas é o uso de **filtros** nas chaminés das indústrias. Esses filtros são estruturas que retêm parte das partículas poluentes que seriam lançadas no ar.

A **redução do uso de automóveis** é outra medida importante para diminuir a poluição atmosférica. Isso pode ser feito dando-se preferência ao uso de transporte público ou de bicicletas em vez do uso de automóveis particulares.

A **manutenção da cobertura vegetal** em áreas de floresta, em campos de cultivo e até mesmo nas cidades (em parques, praças e calçadas) também auxilia no equilíbrio da composição dos gases atmosféricos. Isso ocorre porque as plantas ajudam a manter a umidade do ar e também absorvem parte do gás carbônico liberado na atmosfera pela queima de material na agricultura, na indústria e pelos veículos a motor.

3 Com um colega, observe as fotos abaixo e leia as legendas. Depois, respondam juntos às questões a seguir.

Congestionamento de automóveis em Recife, PE. Foto de 2015.

Queimada em trecho de mata em Alto Paraíso de Goiás, GO. Foto de 2016.

Vista de chaminés da Companhia Siderúrgica Nacional, Volta Redonda, RJ. Foto de 2014.

a. Quais fotos mostram atividades que liberam impurezas no ar?

b. Quais dessas situações vocês já viram em seu município?

Na prática

Simulando o efeito estufa

O efeito estufa é um fenômeno natural que permite manter a temperatura da Terra adequada à existência da vida. Para entender melhor esse fenômeno, façam, em trios, uma simulação do efeito estufa.

Vocês vão precisar de:
- dois copos de plástico transparente com água na mesma temperatura
- uma caixa de sapato
- filme plástico para cobrir a caixa
- papel-alumínio para forrar a caixa

Experimentem

1. Forrem a parte interna da caixa de sapato com o papel-alumínio. Coloquem um dos copos com água dentro da caixa.
2. Cubram a parte de cima da caixa com o filme plástico.
3. Durante dez minutos, deixem expostos ao sol a caixa com o copo e também o outro copo.
4. Após os dez minutos, coloquem, ao mesmo tempo, uma mão na água que ficou no copo dentro da caixa e a outra mão na água do outro copo.

Respondam

1. Qual das duas amostras de água ficou mais aquecida? Como vocês explicam essa diferença?
2. No experimento, para que serve o filme plástico da cobertura da caixa?
3. O resultado do experimento seria o mesmo se vocês trocassem o filme plástico pelo papel-alumínio para cobrir a caixa? Por quê?
4. Por que o título do experimento é "Simulando o efeito estufa"?

quarenta e cinco

Aprender sempre

1 Para atingir altitudes elevadas, aves grandes, como o urubu-de-cabeça-preta, usam as correntes de ar. Ao voar, o urubu abre as asas e sobe sem batê-las, economizando energia. Esse tipo de voo é chamado voo planado. Responda no caderno.

trajetória do voo do urubu

correntes de ar aquecido entre nuvens

Representação esquemática do voo planado de um urubu.

a. Como se formam as correntes de ar?

b. Como o urubu consegue subir sem bater as asas?

2 O ar que sai da parte de cima da geladeira não tem a mesma temperatura do ar que sai pela parte de baixo. Assinale a situação em que o homem da ilustração deve sentir o ar mais frio.

■ Converse com os colegas e elabore uma explicação para sua escolha.

_____
_____
_____

3 Além de recompor a vegetação de uma região, a recuperação de florestas ajuda a diminuir a quantidade de gás carbônico no ar. Observe a imagem ao lado e responda às questões.

Ação de restauração florestal em Taubaté, SP. Foto de 2015.

a. Como as plantas ajudam a diminuir a quantidade de gás carbônico no ar?

_____

_____

_____

b. O que provoca o aumento da quantidade de gás carbônico no ar?

_____

_____

c. Por que é importante diminuir a quantidade de gás carbônico no ar? Essa atitude pode ajudar a amenizar qual problema ambiental?

_____

_____

4 Observe a cena a seguir.

Explique por que essa atitude é prejudicial para os seres vivos que habitam esse local, incluindo o ser humano.

CAPÍTULO 4

A água

Amyr Klink é um famoso navegador brasileiro que tem feito muitas viagens ao longo de sua vida. Ele navega tanto em rios – ambientes de água doce – como em mares – ambientes de água salgada.

O navegador Amyr Klink em uma de suas viagens pelo mundo. Foto tirada na península Antártica em 1991.

Klink já percorreu os rios Negro e Madeira, na região amazônica, em um pequeno barco a motor. Ele também atravessou, remando, o oceano Atlântico – da Namíbia, na África, ao Brasil –, em uma viagem que durou cem dias.

Em seu barco Paratii, o navegador viajou para a Antártica, continente coberto de gelo no sul do planeta. Como as tintas usadas para pintar barcos geralmente poluem a água, o Paratii é feito de alumínio e outros materiais que não enferrujam e, por isso, não precisa ser pintado.

As aventuras que Amyr Klink viveu em cada viagem estão registradas nos livros que ele escreveu.

Texto para fins didáticos.

- Em suas viagens, Amyr Klink percorreu ambientes de água doce e de água salgada. Quais são eles, segundo o texto?
- A água do mar é salgada e não deve ser bebida. Como é possível encontrar água para beber e cozinhar na Antártica?
- Sublinhe o trecho do texto que mostra que o navegador é preocupado com a poluição da água.

Onde está a água?

A água é fundamental para a existência de vida.

O corpo de todos os seres vivos contém água, em maior ou menor quantidade. No sangue, por exemplo, a água é responsável por dissolver e transportar diversas substâncias pelo organismo.

Além da água necessária para o funcionamento do corpo, ingerida na alimentação, muitos seres vivos precisam da água do ambiente em que vivem. Os organismos aquáticos, por exemplo, habitam lagoas, rios ou mares e só sobrevivem nesses locais.

O diagrama ao lado representa o total de água que existe na Terra. A parte em verde corresponde à água salgada, e a parte em azul, à água doce. É possível notar que a maior parte da água no planeta Terra é salgada.

Diagrama representando a quantidade de água salgada e de água doce no planeta Terra.

A água doce

Apenas uma pequena porção da água doce da Terra se encontra em rios e lagos.

A maior parte está congelada nos polos, o que dificulta o uso pelas pessoas. Outra parte está em **aquíferos**, que são reservas subterrâneas. Os aquíferos são formados pela água das chuvas que infiltra através dos poros do solo e das rochas.

Barco navegando no rio Amazonas, na cidade de Macapá, AP. Esse rio é tão largo que, em certos pontos, não é possível ver a outra margem. Foto de 2014.

1 Pense em tudo o que você fez ontem. Em quais situações você usou água? Como seriam essas atividades se não houvesse água disponível?

_____

2 Converse com os colegas: Vocês conhecem alguma fonte de água doce no município onde moram ou nos municípios vizinhos? Como ela é?

quarenta e nove 49

Estados físicos da água

Na natureza, a água pode ser encontrada em três estados físicos: líquido, sólido e gasoso.

A maior parte da água do planeta Terra está no estado **líquido**, como a água dos rios, lagos e, principalmente, oceanos.

O gelo é água no estado **sólido**. Nos ambientes polares, o gelo forma uma grossa camada, que pode ter muitos metros de espessura.

Na região dos polos, são comuns os *icebergs*, grandes blocos de gelo que, em geral, se desprendem de geleiras e flutuam pelas águas dos mares árticos ou antárticos.

A neve, que cai em locais com temperaturas muito baixas, também é formada no estado sólido.

O granizo é composto de pequenas pedras de gelo que se formam nas nuvens de chuva. Chuvas de granizo ocorrem mesmo em regiões quentes.

A água que sai da torneira está no estado líquido.

Representação de *iceberg* próximo de um navio. A maior parte dessas enormes montanhas de gelo fica submersa e representa um grande perigo para as navegações.

A água no estado **gasoso**, também chamada de vapor de água, é encontrada no ar à nossa volta. Não vemos o vapor de água presente no ar porque ele é invisível.

Os três estados físicos da água estão presentes na situação registrada na foto à esquerda. A água dos cubos de gelo está no estado sólido. A água do copo e da garrafa está no estado líquido. O ar ao redor dos objetos contém água no estado gasoso.

Situação que apresenta os três estados físicos da água.

As mudanças de estado físico da água

A água pode mudar de estado físico, isto é, passar de um estado para outro. Isso pode acontecer quando, por exemplo, a temperatura varia. As figuras a seguir mostram dois exemplos desse tipo de mudança.

Na ilustração da esquerda, o gelo derreteu ao ficar em contato com a temperatura do ambiente. A água passou do estado sólido para o estado líquido. Na ilustração da direita, a água passou do estado gasoso para o líquido em função da menor temperatura da tampa da panela. O vapor de água quente que sai da panela se transforma em gotas de água.

A passagem da água do estado sólido para o estado líquido é chamada de **fusão**. Ao nível do mar, ela ocorre a partir da temperatura de 0 **°C**. Por exemplo, o gelo derrete fora do congelador porque a temperatura do ar ao redor do gelo é maior que 0 °C.

Ao contrário, a água líquida se transforma em gelo em locais com temperatura abaixo de 0 °C, como dentro de um congelador ou em regiões frias do planeta. Essa mudança é chamada de **solidificação**.

Observe o esquema ao lado. As setas indicam as mudanças que ocorrem entre os estados líquido e sólido da água.

°C: grau Celsius, uma das unidades de medida de temperatura. Estabeleceu-se que, ao nível do mar, 0 °C representa a temperatura em que a água congela, e 100 °C indicam a temperatura em que a água ferve.

Estados da matéria
Disponível em: <https://phet.colorado.edu/sims/html/states-of-matter/latest/states-of-matter_pt_BR.html>. Acesso em: 13 out. 2017.

Acesse o *link* acima para simular como se comportam as pequenas partes que compõem a água e outros materiais nos diferentes estados físicos.

A água líquida também pode passar para o estado gasoso. Essa mudança de estado é chamada de **vaporização**. Ela pode ocorrer principalmente de duas maneiras:

- **Evaporação:** na evaporação, a água que está na superfície de um objeto, ou acumulada como em uma poça, recebe um pouco de calor do ambiente e passa lentamente para o estado gasoso. A louça que seca no escorredor e as roupas que secam no varal são exemplos de evaporação.

A roupa no varal seca porque a água evapora e se mistura ao ar.

- **Ebulição:** nesse caso, a mudança para o estado gasoso é mais rápida e, ao nível do mar, ocorre quando a água atinge 100 °C. Formam-se bolhas de vapor de água tanto na superfície como no interior do líquido. A vaporização da água em um recipiente colocado sobre uma chama é um exemplo de ebulição.

A água se transforma em vapor de água durante a ebulição. Por isso, o nível da quantidade de água líquida no recipiente diminui.

O vapor de água pode voltar ao estado líquido quando submetido a temperaturas mais baixas do que a sua temperatura inicial. Essa mudança de estado é chamada de **condensação**.

Observe um exemplo de condensação na figura à direita na página anterior: o vapor que sai da panela se condensa, voltando ao estado líquido, o que pode ser observado pelas gotas de água na tampa da panela.

1 Ao sair de um banho quente, Beto ficou intrigado ao notar que, mesmo mantendo a porta do boxe fechada, havia gotas de água nos azulejos fora do boxe.

- No caderno, explique por que os azulejos ficaram molhados.

Misturas com água

Os grãos de açúcar parecem "sumir" quando os misturamos com água. Mas, se você experimentar o líquido, sentirá um gosto doce, indicando que ele ainda está presente. Nesse caso, dizemos que o açúcar se dissolveu na água ou, ainda, que o açúcar é **solúvel** em água. A água, por sua vez, é o **solvente**. Como não é mais possível diferenciar as duas substâncias, pois elas se misturaram, dizemos que foi formada uma **solução**.

Solução: líquido que contém substâncias dissolvidas nele.

Antes de colocar o açúcar na água, podemos enxergá-lo.

O açúcar dissolvido na água se torna invisível. É formada uma solução açucarada.

A água é considerada um bom solvente porque dissolve vários materiais, incluindo gases. Isso garante a vida dos seres aquáticos, que respiram o gás oxigênio dissolvido nela. Além disso, alguns materiais e substâncias se dissolvem mais facilmente do que outros em certos solventes.

Materiais que não se dissolvem na água

Alguns materiais, como areia e óleos, são **pouco solúveis** ou **insolúveis** em água, isto é, praticamente não se dissolvem nela. Se misturarmos areia e água em um copo, por exemplo, é possível enxergar os dois materiais, a areia e a água, separadamente. Já os materiais solúveis em água formam um conjunto que não apresenta essa diferenciação.

O sal da água do mar

Parte dos sais minerais que existem nas rochas é dissolvida pela água das chuvas e dos rios. Quando os rios deságuam no oceano, eles levam um pouco desses sais.

Ao longo de milhões de anos, os sais se acumularam nos oceanos, tornando-os salgados. Também é possível que parte do sal dos oceanos tenha se originado da lava de vulcões que existem no fundo do mar.

Rio Ceará-Mirim desaguando no mar em Extremoz, RN. Foto de 2014.

Na prática

Por que na praia a água da chuva não é salgada?

A água do oceano, que é salgada, também evapora e se condensa, formando as nuvens. Então, por que na praia a água da chuva não é salgada? Vamos realizar o experimento a seguir para investigar essa questão.

Você vai precisar de:
- recipiente plástico transparente com tampa
- uma gota de groselha ou de corante alimentício de qualquer cor
- uma colher
- meio copo de água

Experimente

1. Coloque cerca de meio copo de água no recipiente.

2. Adicione a gota de corante.

3. Misture bem com a colher.

4. Deixe o recipiente tampado em um local onde bata sol. Observe o recipiente após algumas horas.

Ilustrações: Lima/ID/BR

Responda

1 Você vai perceber que pequenas gotas de água recobrem o interior do recipiente. De onde veio essa água?

2 De que cor são as gotas? O que aconteceu com o corante?

_____

_____

3 Por que a chuva na praia não é salgada?

_____

_____

4 Observe a imagem de uma salina abaixo. Nas salinas, a água do mar fica em reservatórios grandes e rasos, expostos ao sol e ao vento. Com base nessa informação e no experimento que você acabou de fazer, responda:

Salina localizada em Chaval, CE. Foto de 2016.

a. O que deve restar nos reservatórios depois de algum tempo?

_____

_____

b. Qual é a função das salinas? Que mudança de estado físico está relacionada ao seu funcionamento?

_____

_____

_____

O ciclo da água

A água que existe no planeta está sempre em movimento. Ela passa por mudanças de estado físico e se desloca de um lugar para outro. Esse processo ocorre o tempo todo e recebe o nome de **ciclo da água**.

Observe a ilustração abaixo. Ela mostra alguns dos eventos que ocorrem durante o ciclo da água

Representação sem proporção de tamanho e distância entre os elementos.

3 O vapor de água sobe. No alto, sob temperaturas mais baixas, ele se transforma em gotículas de água ou partículas de gelo, formando nuvens.

4 As nuvens são deslocadas pelo vento de um lugar para outro. A água das nuvens volta à superfície por meio de chuva, neve ou granizo.

1 O calor do Sol e o vento transformam a água da superfície em vapor.

2 As plantas eliminam vapor de água por meio da transpiração.

5 Parte da água no estado líquido penetra no solo, formando reservas de água subterrâneas. Outra parte cai sobre solos, rios, mares e oceanos e pode evaporar outra vez.

Fonte de pesquisa da ilustração: Rolin Clark e Janet King. *O atlas da água*. São Paulo: Publifolha, 2006. p. 20-21.

1 Utilizando as informações da ilustração acima, responda no caderno: Se não houvesse qualquer tipo de cobertura vegetal nos locais indicados, o ciclo seria alterado? Em caso afirmativo, de quais maneiras isso poderia ocorrer?

2 Com os colegas e o professor, e com base na ilustração acima, respondam: Como as mudanças de estado físico que ocorrem no ciclo da água podem influenciar o clima de um local?

A importância do ciclo da água

O ciclo da água garante que os diversos ambientes da Terra mantenham seus níveis de água constantes. Isso é fundamental para uma série de atividades humanas.

A agricultura, por exemplo, é uma atividade que depende diretamente da água, pois ela é fundamental no desenvolvimento das plantas cultivadas. Por isso existem recursos, como a irrigação, para garantir que as plantações recebam água. Veja na foto ao lado.

Muitos países também usam a água para a geração de energia elétrica. No Brasil, a maior parte desse tipo de energia é gerada em usinas hidrelétricas, onde o movimento das águas de um rio é usado para produzir a energia elétrica.

Irrigação de plantação de hortaliças em Vargem Grande Paulista, SP. Foto de 2015.

Por que é preciso cuidar da água?

O consumo de água doce não para de aumentar ao redor do mundo em função do aumento populacional e do aumento do uso nas produções industrial, agrícola, entre outras.

Além disso, parte das fontes de água para uso humano é continuamente poluída, tornando-a imprópria para o consumo. Após ser usada nas casas e outros estabelecimentos, a água fica misturada com sabão, fezes, urina e outras impurezas, formando o esgoto. Assim, se não houver economia e cuidado com esse recurso, não só a água disponível para consumo humano, como também a água necessária à sobrevivência de praticamente todos os seres vivos, pode se tornar cada vez mais escassa.

Peixes mortos pela poluição da água no rio Piracicaba, em Piracicaba, SP. Foto de 2014.

Pessoas e lugares

A falta de água em Jardim Gramacho

Jardim Gramacho é um bairro do município de Duque de Caxias, no estado do Rio de Janeiro. Veja a localização do bairro no mapa ao lado.

Por mais de 30 anos funcionou, no Jardim Gramacho, o maior aterro de lixo da América Latina. Ele recebia diariamente milhares de toneladas de resíduos.

Por falta de opções, muitas pessoas que moravam na região sobreviviam recolhendo materiais recicláveis no meio do lixo. Esse é um trabalho com alto potencial de causar acidentes e danos à saúde porque, por exemplo, os catadores entram contato com materiais cortantes e/ou contaminados e com animais que transmitem doenças, como baratas e ratos.

Fonte de pesquisa: *Meu 1º Atlas*. Rio de Janeiro, 2012. p. 100.

Catadores procurando materiais recicláveis no aterro de Gramacho antes de seu fechamento. Foto de 2012.

Placa indicando o fechamento do Aterro Metropolitano de Gramacho. Foto de 2012.

Em 2012, o aterro de Gramacho foi desativado. Porém, muitos problemas da região permaneceram. Um deles é a falta de água. Muitas casas do bairro não recebem água encanada, e os moradores têm dificuldade para conseguir água para consumo próprio.

A pouca água disponível é armazenada em recipientes grandes e atende a todas as necessidades diárias da comunidade, como beber, cozinhar, lavar louça e roupa, tomar banho e escovar os dentes. É comum crianças ficarem doentes por problemas relacionados à falta de água e à sua má qualidade.

Jardim Gramacho, no município de Duque de Caxias, RJ. Foto de 2015.

Água sendo armazenada em recipientes para o uso dos moradores de Jardim Gramacho. Foto de 2015.

1. Você vive próximo de um aterro ou conhece algum? Em caso afirmativo, descreva-o para os colegas.

2. Por que o trabalho dos catadores em aterros de lixo é perigoso?

3. Atualmente, a região ainda tem problemas? Indique um deles.

4. Como é o dia a dia de muitos moradores em relação à água?

5. Por quais motivos as crianças do bairro costumam ficar doentes?

6. A região onde você mora tem locais que passam por uma situação de escassez de água? Se não, você imagina que isso aconteça em outras regiões do Brasil?

Aprender sempre

1 O cartaz ao lado mostra algumas maneiras de economizar água em uma casa. Converse com dois colegas sobre esse tema.

a. O título do cartaz informa que é preciso usar bem a água. Nesse caso, o que significa "usar bem"?

b. Dos hábitos apresentados no cartaz, quais você já pratica? E quais você pode começar a praticar?

2 Observe o esquema abaixo e responda ao que se pede.

a. Qual mudança de estado da água está representada pela seta branca? Indique o estado físico da água antes e depois dessa transformação.

_____

_____

b. Que mudança de estado físico a seta vermelha representa? Dê um exemplo de situação cotidiana em que essa mudança pode ser observada.

_____

3 Em um experimento, o professor colocou a mesma quantidade de água em quatro copos e fez as misturas representadas a seguir.

A — 2 colheres (de sopa) de óleo em água

B — 2 colheres (de sopa) de cascalho em água

C — 2 colheres (de sopa) de vinagre em água

D — 2 colheres (de sopa) de xarope de groselha em água

a. Quais materiais se dissolveram na água?

_____

b. Quais materiais não se dissolveram na água?

_____

c. Justifique as respostas que você deu nos itens **a** e **b**.

_____

_____

4 Observe a imagem ao lado.

- Na imagem, podemos ver uma mancha de petróleo que vazou no mar. Isso indica que o petróleo é solúvel ou não na água? Por quê?

_____

_____

Vazamento de petróleo no município de Tramandaí, RS. Foto de 2016.

CAPÍTULO 5
O ambiente e a saúde da população

No Brasil, existem muitos rios e riachos. Eles estão por toda parte, inclusive em grandes cidades. Mas, muitas vezes, eles se tornam praticamente invisíveis no meio de tantas edificações.

Quando uma cidade cresce, é muito comum que os rios e riachos sejam canalizados, ou seja, conduzidos para dentro de grandes canais ou tubos, que podem ficar por cima ou por baixo do solo. Veja as imagens a seguir.

Trecho da bacia do rio Pinheiros, na cidade de São Paulo, em 1930 (**A**) e em 2016 (**B**), respectivamente, antes e depois de sua canalização para a construção de casas e ruas. A ilustração em detalhe em **B** mostra a canalização em tubos por baixo da terra.

▶ Observe as fotos do rio Pinheiros em 1930 e em 2016. Como era o curso desse rio antes de sua canalização?

▶ Ainda sobre as fotos, responda: Como ficou o curso do rio Pinheiros depois de sua canalização?

▶ Você sabe se na cidade em que você mora existem rios e riachos canalizados que correm sob as casas e as ruas, como no detalhe da imagem **B**?

▶ Você acha que a água que usamos em nossas casas vem dos rios canalizados? Se não, de onde você imagina que ela vem?

Água e saneamento básico

O **saneamento básico** é um conjunto de ações que buscam garantir condições de saúde à população. Fazem parte dessas ações o tratamento da água, a coleta de lixo e de esgoto e o tratamento do esgoto coletado. No Brasil, o saneamento é um direito dos cidadãos.

Nos locais sem saneamento básico, as pessoas correm mais risco de contrair doenças como disenteria e verminoses. Isso acontece porque a população entra em contato com água, lixo e esgoto contaminados com organismos que causam doenças.

De onde vem a água que usamos?

A água que chega às nossas casas é obtida de reservatórios chamados **mananciais**. Esses reservatórios podem ficar acima da superfície, como rios, lagos, represas e **açudes**, ou abaixo da superfície, como as águas subterrâneas.

A construção irregular de moradias nas grandes cidades, muitas vezes próximas de áreas de mananciais, tem causado muitos problemas de poluição desses reservatórios. Lixo e esgoto não tratados acabam sendo lançados neles e contaminam a água que vai abastecer as casas.

Açude para irrigação, em São João do Piauí, Piauí. Foto de 2015.

Vista aérea da represa Billings, área de manancial, com moradias no entorno. Município de São Paulo. Foto de 2014.

Açude: lago construído para acumular água da chuva ou de rios.

1 Imagine que, em uma cidade, não há coleta de lixo nem tratamento de água e esgoto. Converse com os colegas sobre as questões a seguir, e responda no caderno.

   a. O que isso poderia acarretar para a saúde da população dessa cidade?

   b. O que poderia ser feito para resolver esse problema?

sessenta e três 63

O caminho da água até sua casa

Antes de chegar limpa na sua casa, a água dos mananciais é tratada. Isso é feito pois, mesmo parecendo limpa, essa água pode conter impurezas e microrganismos que causam doenças. Por isso, ela passa pelas **estações de tratamento de água**, onde se torna **potável**, isto é, própria para consumo.

No esquema a seguir, acompanhe o caminho que a água percorre saindo do manancial até chegar às casas.

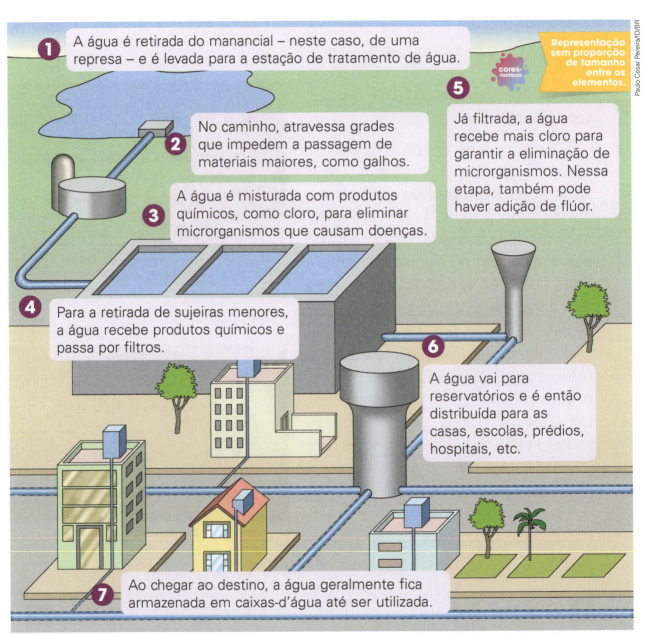

Esquema simplificado mostrando etapas do tratamento e distribuição da água.
Fonte de pesquisa da ilustração: Sabesp. Disponível em: <http://site.sabesp.com.br/site/interna/Default.aspx?secaoId=47>. Acesso em: 4 dez. 2017.

2 O que pode ser retirado da água no passo 2 da figura acima?

☐ microrganismos ☐ areia ☐ folhas

■ Tratamento caseiro da água

A água que bebemos sempre deve ser filtrada antes de ser consumida. Em locais onde não existem estações de tratamento de água, é fundamental tratá-la em casa. Para isso, a água deve ser fervida por 15 minutos ou misturada com cloro, que é distribuído em postos de saúde, na medida indicada pelo agente de saúde.

O caminho do esgoto

Após o uso, a água que sai de uma casa fica misturada com sabão, detergente, produtos de limpeza, fezes, urina e outros tipos de **resíduos**. Toda essa mistura faz parte do **esgoto doméstico**.

O esgoto doméstico pode ser encaminhado para as **estações de tratamento de esgoto**, onde as impurezas são removidas da água. Após ser tratada, essa água é devolvida para córregos, lagoas ou ao mar.

resíduo: resto, sobra.

Espuma causada pelo despejo de esgoto no rio Tietê, município de São Paulo. Foto de 2014.

Em muitas cidades, porém, o esgoto não recebe tratamento. Nesse caso, ele é despejado diretamente nos rios e nos mares, por exemplo, poluindo as águas e podendo matar animais e plantas. A água contaminada pelo esgoto não deve ser consumida, pois pode provocar problemas de saúde.

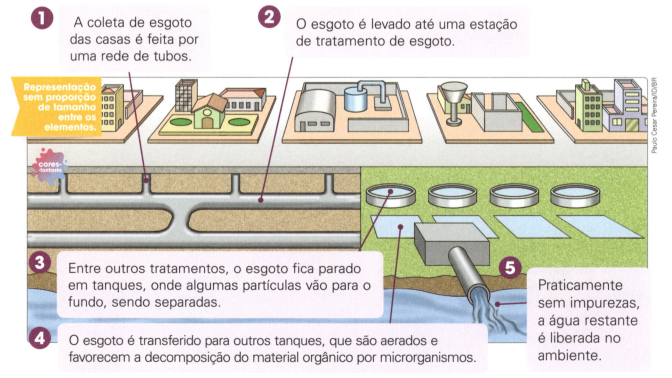

1. A coleta de esgoto das casas é feita por uma rede de tubos.
2. O esgoto é levado até uma estação de tratamento de esgoto.
3. Entre outros tratamentos, o esgoto fica parado em tanques, onde algumas partículas vão para o fundo, sendo separadas.
4. O esgoto é transferido para outros tanques, que são aerados e favorecem a decomposição do material orgânico por microrganismos.
5. Praticamente sem impurezas, a água restante é liberada no ambiente.

Representação sem proporção de tamanho entre os elementos.

Esquema simplificado de coleta e tratamento de esgoto.
Fonte de pesquisa da ilustração: Sabesp.
Disponível em: <http://site.sabesp.com.br/site/interna/Default.aspx?secaold=49>. Acesso em: 4 dez. 2017.

sessenta e cinco **65**

Na prática

Remoção de impurezas da água

Os tratamentos da água e do esgoto envolvem uma série de etapas, que deixam a água mais limpa. Muitas delas retiram partículas sólidas da água, se utilizando das diferenças entre as partículas e a água. Que processos você acha que são utilizados nessa separação? Todas as partículas sólidas apresentam as mesmas características? Anote as respostas no caderno.

Nesta atividade, vamos reproduzir parte dos processos de uma estação de tratamento de água e verificar como essa separação pode ser feita.

Vocês vão precisar de:

- um copo com água misturada a terra, serragem e folhas secas
- dois copos plásticos transparentes
- um copo com areia fina
- um copo com cascalho ou pequenas pedras
- um copo com carvão moído
- uma garrafa de plástico transparente de 2 litros
- um pouco de algodão
- uma colher grande

> **Atenção!**
> Quanto ao carvão moído, peçam a um adulto que quebre os pedaços de carvão com um martelo de carne. Sobre a garrafa de plástico, peçam a um adulto que corte o fundo da garrafa como na imagem na etapa 5, a seguir.

Experimentem

1. Reúna-se com dois colegas. Deixem em repouso o copo com a água misturada à terra, à serragem e às folhas secas. Anotem no caderno o aspecto inicial da água.

2. Após duas horas de repouso, observem o que aconteceu à água do copo. Anotem no caderno.

3. Com a ajuda da colher, retirem os materiais que ficaram flutuando na superfície da água. Façam esse procedimento com cuidado, para evitar mexer na água e misturar os materiais que estão no fundo.

4. Derramem lentamente essa água em um copo vazio. Ao virar o copo, tomem cuidado para evitar que o material do fundo se misture com a água. Anotem no caderno o aspecto da água após esse passo. Reservem o copo.

5. Agora vocês vão montar um filtro. Para isso, primeiro coloquem o algodão no gargalo da garrafa.

> **Atenção!**
> Cuidado para não se ferir com a borda da garrafa.

6. Virem a garrafa com o gargalo para baixo. Coloquem dentro dela uma camada de carvão, uma de areia e uma de cascalho, nessa ordem.

Ilustrações: Hiroe Sasaki/ID/BR

7. Abram uma torneira e deixem a água escorrer com cuidado para dentro da garrafa, até que ela saia limpa.

8. Por fim, segurem a garrafa sobre o copo vazio, sem encostá-los. Um dos colegas vai derramar lentamente a água separada no copo. Anotem o aspecto da água que é recolhida após ser filtrada na garrafa.

Atenção!
A água que sai da garrafa não é potável e não deve ser bebida, mas pode ser usada para regar plantas.

Respondam

1 Que materiais ficaram flutuando na água após o tempo de repouso?

2 Que materiais ficaram no fundo do copo após o tempo de repouso?

3 Por que você acha que isso ocorreu? Qual é a diferença entre esses materiais? Compare essa resposta com a que você deu antes da atividade.

4 Compare suas anotações sobre o aspecto da água antes do repouso e depois de transferida para outro copo. O que você observou? Por que você acha que isso ocorreu?

5 Como ficou a água depois de passar pela garrafa? Por que isso ocorreu?

Reduzir o desperdício de água

O processo de tratamento de água leva tempo e tem um custo considerável. Atitudes como tomar banhos demorados e deixar a torneira aberta enquanto se escovam os dentes, entre outras, acabam desperdiçando a água tratada. Por isso, é importante fazer o uso correto da água. Veja algumas atitudes que podem ajudar a evitar esse desperdício.

Banheiro

Não jogue lixo no vaso sanitário nem dê descarga sem precisar.

Não deixe a torneira pingando.

Diminua o tempo do banho e feche a torneira enquanto se ensaboa.

Área de serviço **Quintais e calçadas** **Cozinha**

A água da lavagem das roupas já tem sabão e pode ser usada para lavar pisos ou calçadas.

Usar mangueira para lavar pisos gasta muita água. Prefira varrer ou usar a água da lavagem da roupa.

A torneira deve ficar fechada enquanto a louça é ensaboada.

1 Sobre as ações que você acabou de estudar, responda:

a. Quais delas você já realiza? Como elas ajudam na economia de água?

_____

_____

b. Sugira outras medidas que podem ser colocadas em prática, na escola ou em casa, para diminuir o desperdício de água.

_____

Lixo e saneamento básico

Além da falta de água potável e de rede de coleta de esgoto, a incorreta destinação do lixo é um problema que também prejudica a saúde das pessoas. Vejamos como isso acontece.

Para onde vai o lixo

Todo resíduo sólido produzido pela atividade humana é considerado **lixo**. O lixo pode ser formado por restos de alimentos, embalagens, papéis usados e outros materiais que são jogados fora. Mas, o que acontece com o lixo? Para onde ele vai depois de ser recolhido? Observe a imagem abaixo.

Esquema simplificado de destinos do lixo nas grandes cidades brasileiras. Atualmente, os lixões (marcado com um X em vermelho) são considerados um destino inadequado, poluente. Desde 2010, foi sancionada a Política Nacional de Resíduos Sólidos (PNRS), que estabelece a extinção dos lixões nos municípios. Hoje, o destino de resíduos sólidos considerado adequado são os aterros sanitários (marcado com um círculo em verde).

Nos **lixões**, é comum encontrar ratos, urubus e outros animais que se alimentam de restos orgânicos e podem transmitir doenças.

Além disso, em locais onde o lixo se acumula, ocorre a formação do chorume, um líquido escuro que penetra no solo e pode contaminá-lo, bem como contaminar as águas subterrâneas.

Já nos **aterros sanitários**, os terrenos são cobertos com um material que evita que o chorume contamine o solo e a água, para que depois os resíduos sejam enterrados.

De modo geral, o poder público é responsável pela coleta e destinação correta dos resíduos sólidos. Eles são coletados por caminhões e levados aos seus destinos. Em muitos municípios há a coleta dos resíduos que podem ser reciclados. Eles são levados às usinas de reciclagem.

Aterro sanitário localizado em Nazária, PI. Foto de 2015.

Reduzir a quantidade de lixo

A quantidade de lixo produzida em todo o planeta é muito grande e vem aumentando cada dia mais. Com isso, crescem também os problemas relacionados à poluição do ambiente e à saúde da população de maneira geral.

O consumo exagerado de produtos industrializados é um dos principais agravantes da produção de lixo no mundo. Embalagens, produtos descartáveis e outros objetos se acumulam no ambiente e demoram muitos anos para se decompor.

Antes de comprar qualquer produto, temos de nos perguntar: Ele é realmente necessário?

Para ajudar a mudar essa situação, antes de comprar um produto, por exemplo, um brinquedo, devemos refletir se de fato vamos usá-lo. Isso significa praticar o **consumo consciente** e **responsável** e, assim, **reduzir** a compra de produtos desnecessários.

Também é possível **reutilizar** objetos que seriam jogados fora. Por exemplo, você pode fazer um bloco de rascunho com folhas de papel usadas apenas de um lado. Atitudes como essa reduzem a quantidade de lixo produzido.

Na prática

Buscando soluções para o problema de lixo na sua escola

Um grupo de crianças termina de comer o lanche e vai até a lixeira mais próxima jogar fora embalagens vazias, guardanapos sujos, restos de frutas. Essa cena tão comum se repete diversas vezes ao dia em todas as escolas. Sabemos que se deve jogar o lixo nas lixeiras, mas o que acontece com ele depois disso?

Nesta atividade, vocês vão propor soluções para os problemas com o descarte de lixo na sua escola.

Vocês vão precisar de:

- caderno
- cartolina
- computador com acesso à internet
- lápis
- material para desenho (lápis de cor, giz de cera, tintas guache, pincéis, etc.)

Experimentem

1. Com a ajuda do professor, organizem-se em grupos de até quatro alunos.
2. Conversem com os funcionários da escola para saber como o lixo produzido é descartado e respondam às perguntas a seguir.
    - Como é feito o descarte do lixo orgânico?
    - Existe coleta seletiva na região da escola?
    - Como é feito o descarte do lixo eletrônico?
    - O que é feito com o material escolar que não é utilizado ao longo do ano?
3. Identifiquem qual o principal problema da escola com o descarte do lixo.
4. Pesquisem diferentes soluções para esse problema em publicações impressas ou digitais, conversem com professores, funcionários da escola, amigos e familiares. Algumas possíveis soluções: construção de uma composteira, separação e reciclagem de lixo, oficinas de reciclagem de papel, reutilização de material escolar, etc.
5. Utilizando cartazes feitos na cartolina ou recursos digitais, montem uma apresentação da proposta do grupo para comunicar suas ideias para a comunidade escolar.
6. Ao fim das apresentações, discutam quais são as propostas mais viáveis, escolham uma e se organizem para apresentá-la à direção da escola.

Responda no caderno

1 Qual é o principal problema com o descarte do lixo na sua escola? E qual é a solução proposta pelo seu grupo?

2 Que hábitos e atitudes poderiam ser adotados por alunos, funcionários e professores, para reduzir a quantidade de lixo produzido na escola?

Vamos ler imagens!

Retratos feitos com sucata

Retrato é uma imagem de uma pessoa, que pode ser de verdade ou uma pessoa imaginária, feita num desenho, numa pintura, numa fotografia. Veja, por exemplo, o retrato ao lado.

Neste caso, o retrato é uma fotografia. Mas, leia com atenção a imagem: É uma pessoa de verdade na imagem? Para ajudá-lo a responder, veja a imagem abaixo.

Retrato de homem usando terno e gravata. Obra em exposição no Museu do Lixo, Rússia, 2016.

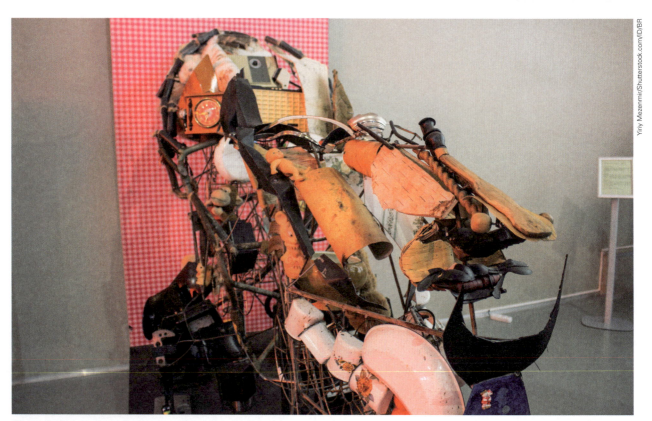

Essa foto mostra o mesmo retrato do homem usando terno e gravata, mas em visão lateral. Obra em exposição no Museu do Lixo, Rússia, 2016.

Hoje em dia, alguns artistas utilizam materiais que geralmente iriam para o lixo, a chamada sucata, para compor retratos. Esse retrato em fotografia foi feito a partir de uma escultura, um tipo de objeto de arte, feito com materiais descartados. Perceba que, para conseguir montar o retrato desejado, o artista plástico precisou fazer uma composição espacial.

Atente para alguns detalhes:

- Em geral, o retrato é frontal. Nesse caso, também: a escultura foi montada e fotografada de frente. A ordem e a posição dos materiais na escultura possibilitou reconhecer as partes do corpo (por exemplo, os materiais que compõem os olhos ficam mais acima do que os materiais que compõem a boca).
- Detalhes que normalmente seriam de uma mesma cor (como a gola da camisa), foram compostos por materiais com cores semelhantes (como as xícaras brancas).
- Materiais mais escuros são utilizados para dar efeito de sombra, como nas laterais do rosto e da testa do homem do retrato.

Agora é a sua vez

1 Observe o retrato e a escultura em visão lateral, na página anterior. Responda no caderno.

a. Identifique dois objetos que foram utilizados na composição do retrato/escultura.

b. Identifique dois tipos de material que foram utilizados na composição do retrato/escultura.

2 Imagine que, em vez de usar o objeto que está no nariz, o artista tivesse usado um guarda-chuva preto.

a. O efeito seria o mesmo? Comente.

_____

_____

b. Ele poderia utilizar outro objeto no nariz, que não fosse feito de madeira? Justifique.

_____

_____

3 Por que, quando vemos o retrato, na primeira foto da página anterior, é possível perceber um rosto, enquanto na segunda foto, aquela em visão lateral, não é possível?

_____

_____

_____

_____

Aprender sempre

1 Ana e Maria são irmãs. Ambas demoram 15 minutos para tomar banho. Observe a imagem a seguir e responda.

Relógio que marca o consumo de água.   Relógio que marca o consumo de água.

a. Quem gasta menos água durante o banho, Ana ou Maria? Como você chegou a essa conclusão?

_____

_____

b. Converse com os colegas: O que a irmã que gasta menos água faz de diferente da que gasta mais? Quantos litros de água ela economiza?

2 Uma pessoa encontrou lixo espalhado pelo chão de uma praça perto de sua casa e tirou a foto abaixo. Converse com os colegas e responda às questões a seguir.

a. Que problemas podem ser causados por esse tipo de situação?

b. O que você faria para evitar esse tipo de problema?

3 Leia o trecho abaixo e faça o que se pede a seguir.

> Alguma vez você parou para pensar em como é estranho que tudo o que a gente compra seja embrulhado ou colocado em sacolas ou sacos? [...] Mesmo quando se trata de apenas um artigo, como um bombom... ou um pacote de batatas fritas. Um saco dentro de outro... [...]
> [...]
> - É o máximo levar um saco quando for às compras. Use um saco de papel ou de plástico, que você tenha guardado de uma compra anterior. Ou, então, leve uma sacola de pano ou mochila [...].

The Earth Works Group. *50 coisas simples que as crianças podem fazer para salvar a Terra.* Rio de Janeiro: José Olympio, 2010. p. 84.

a. O texto incentiva atitudes relacionadas à diminuição da produção de lixo? Por quê?

b. Sublinhe no texto o trecho que cita um exemplo de reutilização.

4 O desenho ao lado representa parte do encanamento de uma casa.

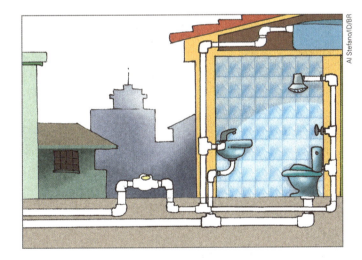

a. Pinte, com lápis de cor azul, o encanamento que leva a água tratada para a casa e, com lápis de cor verde, o que leva a água usada, que sai da casa.

b. Contorne a caixa-d'água na figura.

c. De onde vem a água que você pintou de azul?

_____

d. Que nome recebe a água que você pintou de verde? Imaginando que ela será tratada, para onde ela vai?

_____

5 Converse com os colegas e o professor: Por que é importante cobrar do poder público as condições necessárias de saneamento básico de uma região?

CAPÍTULO 6

Nossa alimentação

Você estuda, corre, brinca, conversa e, mesmo quando você está descansando, seu corpo continua ativo digerindo alimentos, respirando e pensando. Para se manter ativo e vivo, o corpo precisa de água e alimento, e existem alimentos de vários tipos. Observe a imagem abaixo.

Montagem artística realizada pelo ilustrador e fotógrafo Carl Warner em 2010.

▶ Com a ajuda dos colegas e do professor, façam uma lista dos alimentos que o artista usou para fazer essa montagem. Tentem encontrar pelo menos oito itens diferentes.

▶ Na sua opinião, essa "vila" seria uma boa refeição? Por quê? Converse com os colegas.

Alimentos e nutrientes

Os alimentos contêm **nutrientes**, substâncias que fornecem a energia e os materiais de que o corpo precisa para crescer, se desenvolver e se proteger de doenças. Os carboidratos, os lipídios – popularmente conhecidos como gorduras –, as proteínas, os sais minerais e as vitaminas são alguns nutrientes presentes nos alimentos.

Representação sem proporção de tamanho e distância entre os elementos.

Carboidratos – Esses nutrientes fornecem energia ao corpo. Os carboidratos estão presentes em alimentos ricos em açúcar e amido, como pães, macarrão, batata, mandioca, arroz, mel e doces.

Lipídios – Fornecem energia ao corpo, assim como os carboidratos. Estão presentes, por exemplo, em óleos, manteiga, creme de leite e carnes gordas.

Proteínas – São nutrientes responsáveis, por exemplo, pelo crescimento do corpo e pela cicatrização de ferimentos. Alimentos como carnes, leite, ovos, feijão e soja são ricos em proteínas.

Sais minerais e vitaminas – São importantes para a manutenção do corpo e a prevenção de algumas doenças. Estão presentes em alimentos como frutas, verduras, leite, ovos e certas carnes.

Ilustrações: Cecília Iwashita/ID/BR

A **água** está presente na maioria dos alimentos. Assim, além daquela que bebemos, também ingerimos água quando tomamos chás, leite e sucos ou quando comemos verduras e frutas, por exemplo.

As fibras alimentares

As fibras alimentares estão presentes em frutas, hortaliças e cereais. Elas não fornecem nutrientes nem são digeridas pelo organismo humano, mas são fundamentais porque dão consistência às fezes e ajudam na eliminação de materiais e substâncias que podem prejudicar o corpo.

As fibras estão presentes em vários alimentos de origem vegetal, como feijão, verduras, legumes e frutas.

A energia dos alimentos

O rótulo dos alimentos industrializados informa quais nutrientes ou outros componentes (como fibras) existem no produto. O valor energético se refere à energia química fornecida pelo alimento. Uma medida dessa energia é a **quantidade de calorias**.

Usamos a energia obtida dos alimentos para realizar todas as nossas atividades. Algumas delas gastam mais energia do que outras, como mostram as imagens abaixo.

Exemplo de tabela nutricional presente em rótulo de um frasco de leite tipo A. Note que na tabela estão indicadas as quantidades de diversos nutrientes e componentes que existem no leite.

Para ler um livro ou ver televisão, gastamos 85 **kcal** por hora.

Para dormir ou permanecer deitados, gastamos 60 kcal por hora.

Para andar de bicicleta, gastamos de 320 a 480 kcal por hora.

1 Observe como duas crianças vão à escola. Quem gastou mais energia para chegar à escola? Por quê?

Kcal: forma abreviada de quilocaloria, uma unidade de medida de energia.

Alimentação saudável

Uma alimentação saudável e equilibrada fornece a quantidade adequada de cada nutriente necessário ao nosso organismo. Para consumir todos os nutrientes de que precisamos, devemos ter uma alimentação variada, que combine diferentes alimentos.

A escolha dos alimentos

Hábitos alimentares saudáveis dependem da escolha correta dos alimentos. Nem todos os alimentos devem ser consumidos na mesma proporção. Frutas, hortaliças e cereais devem ser consumidos em maior quantidade.

Alimentos ricos em lipídios ou em açúcares, como refrigerantes, frituras, balas e guloseimas, devem ser consumidos com moderação, pois pequenas quantidades desses alimentos fornecem muita energia ao organismo. Alguns contêm muito sal; outros, muito açúcar. Se forem consumidos em excesso, podem provocar problemas de saúde.

Sempre que possível, dê preferência aos alimentos típicos de sua região. Eles costumam ser mais baratos, mais frescos e mais fáceis de ser encontrados.

Essa refeição apresenta um alimento de cada grupo de nutrientes.

1 Observe o rótulo a seguir.

INFORMAÇÃO NUTRICIONAL	
Porção de 1 colher de sopa	
Valor calórico	90 kcal
Carboidratos	23 g
Lipídios	0 g
Proteínas	0 g
Fibras alimentares	0 g

a. O alimento que apresenta esse rótulo é rico em qual tipo de nutriente?

b. Qual dos alimentos representados a seguir pode ter esse rótulo? Justifique sua escolha.

setenta e nove **79**

Na prática

Minha alimentação é saudável?

Como você classificaria sua alimentação do dia a dia: saudável ou não saudável? Anote a resposta no caderno. Vamos ver se sua impressão permanece a mesma até o final desta atividade.

Você vai precisar de:

- lápis ou caneta

Experimente

1. Complete a tabela abaixo de acordo com o que costuma comer durante o dia (e não de acordo com o que acha que é certo). Não são necessárias as quantidades, apenas os tipos de alimento.

Refeição	Alimentos
Café da manhã	
Lanche	
Almoço	
Lanche da tarde	
Jantar	

2. Some o número de vezes que os alimentos de um mesmo grupo aparecem. Os grupos são: vegetais, grãos (incluem farinhas, pães, etc.), frutas e proteínas (incluem queijos, nozes, carnes e feijão).

3. Preencha a tabela abaixo com o total de cada grupo de alimento no espaço correspondente.

Grupos	Soma
Vegetais	
Grãos	
Frutas	
Proteínas	

Responda

1 Qual dos grupos de alimento você consome mais ao longo de um dia? E qual deles você consome menos?

_____

2 No diagrama abaixo, cada área ocupada no prato representa a proporção que certos alimentos devem ter na nossa alimentação diária. Por exemplo, os vegetais (em verde) ocupam a maior parte do prato, portanto devemos ingeri-los em maior proporção com relação aos demais. Responda ao que se pede no caderno.

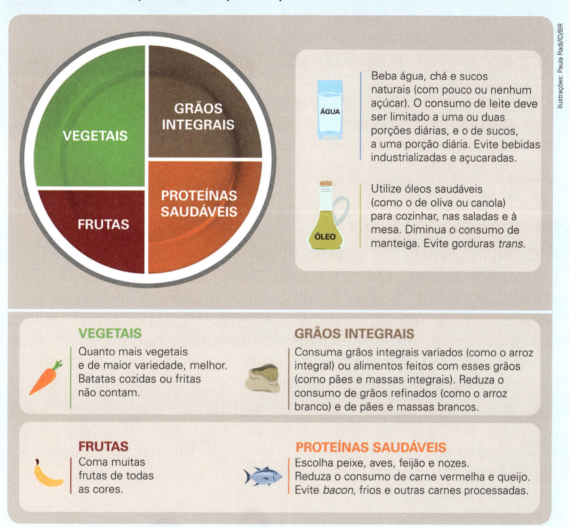

Representação do prato da comida saudável, da Escola Pública de Saúde e Nutrição de Harvard. Disponível em: <https://www.hsph.harvard.edu/nutritionsource/healthy-eating-plate/>. Acesso em: 23 out. 2017.

- O registro da distribuição do que você come ao longo do dia nos grupos de alimento, feito nesta atividade, segue mais ou menos o que mostra esse diagrama? Explique.

3 Sua suposição inicial permaneceu a mesma após a realização desta atividade? O que você poderia mudar para ter uma alimentação ainda mais saudável? Responda no caderno.

Adaptado de: A alimentação saudável: pirâmide dos alimentos, os nutrientes que estão na pirâmide, suas fontes e funções; os 10 passos da alimentação saudável. Em: Elisabetta Recine (Coord.). *Educação nutricional para alunos do ensino fundamental.* Brasília: Universidade de Brasília, 2001. p. 11. Disponível em: <http://bvsms.saude.gov.br/bvs/publicacoes/planos_aula.pdf>. Acesso em: 24 abr. 2017.

Quantidade necessária de alimento

A quantidade necessária de alimento depende da idade, do sexo e do modo de vida de cada pessoa. Por exemplo, quem pratica esportes deve consumir alimentos mais ricos em carboidratos do que quem é **sedentário**.

As necessidades alimentares podem mudar, também, quando consideramos situações específicas. Por exemplo, durante a gravidez, as mulheres geralmente precisam consumir mais alimentos ricos em calorias e vitaminas.

Sedentário: quem se exercita pouco.

Praticantes de esportes gastam muita energia e por isso precisam consumir alimentos ricos em carboidratos.

Diferenças individuais

O organismo de um indivíduo tem características biológicas próprias, estruturais e também relacionadas a como seu corpo funciona. E essas características podem facilitar ou dificultar o desenvolvimento de alguns problemas de saúde. Assim, uma mesma alimentação pode ser prejudicial para um indivíduo que tem um organismo mais propenso a desenvolver certas doenças, mas não representar nenhum malefício para outro indivíduo que não tenha aquela propensão biológica.

O meio social também influi na medida em que apresenta diferentes condições de vida (oportunidades, dificuldades, entre outros) para cada pessoa. O acesso aos alimentos ou à informação de qualidade, a rotina, o nível de influência dos meios de comunicação, os hábitos de maneira geral (como a prática de atividades físicas), a condição emocional, entre outros, são alguns dos fatores que variam de indivíduo para indivíduo e influenciam de muitas maneiras como nos alimentamos.

Um corpo magro não é sinônimo de saúde. A massa corpórea saudável varia de indivíduo para indivíduo.

Problemas ligados à alimentação

A quantidade e diversidade de alimentos que consumimos também podem influenciar a saúde do organismo e gerar problemas de saúde, como a desnutrição e a obesidade.

Desnutrição

A falta ou o excesso de um ou mais nutrientes essenciais pode provocar a **desnutrição**. Isso ocorre quando consumimos menos alimentos que o necessário ou quando a alimentação não é variada.

A desnutrição pode provocar fraqueza, emagrecimento excessivo e maior possibilidade de contrair doenças. Esse problema é mais grave na infância, já que nessa fase são intensos o desenvolvimento e o crescimento.

Obesidade

Quando consumimos mais calorias do que gastamos, o excesso produzido se transforma em gordura. Mas esse é apenas um dos motivos pelos quais engordamos. As pessoas podem engordar também porque praticam pouca atividade física ou têm um metabolismo que favorece o acúmulo de gordura mais facilmente ou que desfavorece a queima desse nutriente.

O excesso de massa corpórea, conhecido como **obesidade**, é hoje um problema de saúde cada vez mais comum, inclusive entre as crianças. A obesidade traz riscos à saúde, pois está relacionada a algumas doenças, como as doenças do coração.

1 Leia o texto a seguir.

> [...] A capacidade de transformar calorias em gorduras varia de indivíduo para indivíduo e isso explica por que duas pessoas com o mesmo peso e altura, que comem os mesmos alimentos, podem fazer gordura com menor ou maior eficiência, e esta última é que tenderá a ser gorda.
> A habilidade de queimar gorduras também varia de pessoa para pessoa. [...]

Ministério da Saúde. *Obesidade e desnutrição*. Disponível em: <http://bvsms.saude.gov.br/bvs/publicacoes/obesidade_desnutricao.pdf>. Acesso em: 24 abr. 2017.

- A partir das informações do texto, é correto afirmar que uma pessoa obesa não emagrece por "falta de vontade"?

Muito além do peso
Disponível em: <https://tvescola.mec.gov.br/tve/video/muitoalemdopeso>. Acesso em: 5 dez. 2017.
Esse documentário trata do tipo de dieta comum entre as crianças brasileiras.

A conservação dos alimentos

Percebemos que um alimento está estragado pela aparência, pela cor, pelo cheiro e pelo sabor alterados. O apodrecimento é causado pela ação de fungos e bactérias.

Fungos e bactérias, muitas vezes presentes no ar e sobre a superfície dos objetos, decompõem os alimentos e se reproduzem rapidamente. Alimentos estragados não devem ser consumidos, pois podem causar intoxicação alimentar e outras doenças.

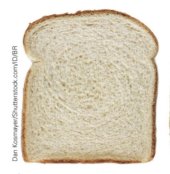

À esquerda, pão próprio para o consumo humano; à direita, pão com bolor (fungos), inadequado para o consumo.

Técnicas de conservação

De acordo com o tipo de alimento, a decomposição pode ocorrer em poucos dias. Existem várias maneiras de conservar os alimentos, isto é, de prolongar o período em que eles podem ser consumidos. Para isso, é preciso impedir ou tornar mais lenta a ação dos microrganismos decompositores.

■ Desidratação

Na desidratação de alimentos, retira-se grande parte da água que existe neles. Fungos e bactérias têm dificuldade para sobreviver em ambientes com pouca água, por isso alimentos desidratados duram mais.

A desidratação pode ser feita, por exemplo, expondo o alimento ao sol ou à **defumação** e adicionando a ele muito sal ou açúcar. O açúcar é bastante usado na conservação de frutas, como na fabricação de compotas ou geleias.

Defumação: processo de conservação que expõe alguns tipos de alimento à fumaça proveniente da queima de partes de plantas.

A banana desidratada e a geleia dessa fruta se conservam por mais tempo que a banana fresca.

Algumas carnes não precisam ficar na geladeira porque foram salgadas e desidratadas.

■ Adição de conservantes

Muitos alimentos industrializados contêm conservantes, substâncias que diminuem ou impedem a ação dos organismos decompositores.

A presença de conservantes é indicada no rótulo dos alimentos.

■ Refrigeração e congelamento

Os microrganismos decompositores morrem ou se reproduzem mais lentamente em baixas temperaturas. Por isso, o resfriamento e o congelamento são técnicas usadas para retardar a decomposição.

■ Pasteurização

Na pasteurização, os alimentos são aquecidos em altas temperaturas e, depois, resfriados rapidamente. Esse processo mata muitos microrganismos, incluindo os que causam doenças. Mas, após a pasteurização, se o alimento entrar em contato com o ar, ele pode ser contaminado novamente.

Equipamento utilizado no processo de pasteurização.

Prazo de validade

As técnicas estudadas prolongam o tempo de conservação do alimento, mas não garantem que ele dure eternamente. Por isso, é importante observar a **data de validade** do alimento, isto é, a data-limite para seu consumo.

Não compre ou consuma alimentos com prazo de validade vencido – mesmo um alimento com boa aparência pode estar estragado e ser prejudicial à saúde.

1 Peça a ajuda de um adulto para fazer uma pesquisa com os alimentos de sua casa. No caderno, preencha uma tabela como o modelo abaixo com o nome de três alimentos e a técnica de conservação usada em cada um.

Alimento	Técnica de conservação

Pessoas e lugares

As sementes da paixão de Borborema

No município de Borborema, na Paraíba, agricultores familiares locais vêm criando e mantendo bancos de sementes crioulas. Em Borborema, elas são chamadas de **sementes da paixão**.

As **sementes crioulas** são aquelas selecionadas por agricultores familiares, populações tradicionais ou povos indígenas, ao longo de muitos anos, dentre as que melhor se desenvolviam frente a características locais, como as peculiaridades do solo e do clima. Disso cria-se um mosaico de sementes muito variado e que tem o potencial de atender a diferentes demandas do agricultor. A seleção pode levar em conta, por exemplo, a tradição e o paladar regionais. Essas sementes são ricas heranças passadas de geração a geração.

Paraíba: Município de Borborema

Fonte de pesquisa: *Meu 1º Atlas*. Rio de Janeiro, 2012. p. 108.

Imagem de sementes da Feira de Trocas de Sementes Crioulas que aconteceu no Rio de Janeiro durante o evento Rio+20, em 2012.

86 oitenta e seis

Sobre o banco de sementes da paixão de Borborema, leia o trecho abaixo.

[...]
Nesses bancos, toda a riqueza está armazenada em silos, garrafas pets ou em latões, sob a bênção dos santos prediletos. [...] Em 2015, ao ser realizado um monitoramento dos bancos, foram identificadas 16 espécies e 45 variedades diferentes estocadas.

Ao semear as sementes da paixão, as famílias agricultoras plantam também sua história, partilham seus conhecimentos e suas observações. Esse zelo pelas sementes da paixão afirma a importância desse patrimônio da biodiversidade e da cultura para a garantia da autonomia dos agricultores familiares e a segurança alimentar dos mesmos. [...]

Na foto, agricultor familiar da Associação Agricultura Familiar e Agroecologia (ASA) da Borborema, na Paraíba.

Sementes da Paixão: Catálogo das sementes crioulas da Borborema. *Site* da Associação Agricultura Familiar e Agroecologia. Março de 2017. Disponível em: <http://aspta.org.br/2017/03/sementes-da-paixao-catalogo-das-sementes-crioulas-da-borborema/>. Acesso em: 16 out. 2017.

As plantações que crescem de sementes crioulas podem resistir melhor do que aquelas geradas de sementes comercializadas por grandes indústrias. O campo de cultivo crioulo conta com uma diversidade maior de sementes. Assim, se parte delas é suscetível a praga ou doença, há muitas chances de que alguma variedade resista. Dessa forma, as sementes crioulas podem ser cultivadas com menos inseticidas e adubos do que as sementes comercializadas em larga escala.

1 O que são sementes crioulas?

2 Qual a importância das sementes crioulas para as comunidades que mantêm e usam os bancos?

3 Qual a importância das sementes crioulas para a agricultura de maneira geral e para o meio ambiente?

Aprender sempre

1 Complete as lacunas da tabela a seguir com os nutrientes predominantes no grupo de alimentos listado.

Alimentos ricos em _____	Alimentos ricos em _____	Alimentos ricos em _____	Alimentos ricos em _____
batata	filé de peixe	manteiga	abacaxi
arroz	feijão	azeite	alface
pão	frango	queijo	tomate

■ Consulte as informações da página 81 e proponha uma refeição e um lanche com nutrientes de todos os grupos.

2 Leia o texto abaixo.

> Para retardar a decomposição dos alimentos, é preciso evitar a ação de fungos e bactérias presentes naturalmente nesses alimentos e no ambiente a seu redor.
>
> Alimentos sem contato com o ar podem se conservar por mais tempo. A embalagem a **vácuo** é uma técnica moderna de conservação que usa esse princípio: o ar é retirado da embalagem e a falta de gás oxigênio dificulta a sobrevivência dos microrganismos.
>
> **Vácuo:** ausência de matéria, incluindo o ar.

Cenouras embaladas a vácuo. Não existe ar dentro da embalagem.

Texto para fins didáticos.

a. Por que os alimentos que não entram em contato com o ar demoram mais tempo para estragar?

_____

_____

b. Além da embalagem a vácuo, que outras técnicas podem ser usadas para conservar vegetais, como brócolis e couve-flor?

88 oitenta e oito

3 Copie no caderno as fichas abaixo, que contêm informações sobre dois alimentos apresentados na ilustração a seguir. Complete essas fichas com o nome desses alimentos.

- ✓ alimento de origem animal
- ✓ pobre em carboidratos
- ✓ pode ser conservado pela salga

- ✓ alimento de origem vegetal
- ✓ pobre em proteínas e lipídios
- ✓ pode ser conservado pela refrigeração

4 As pessoas das fotos estão praticando atividades físicas.

■ No caderno, responda: Que alimentos você sugere a elas para que reponham a energia gasta nas atividades? E para repor a água e os sais minerais perdidos com a transpiração?

CAPÍTULO 7

Digestão

Nosso corpo usa os nutrientes dos alimentos para crescer, desenvolver-se e manter-se protegido contra doenças. Você já pensou no que acontece com os alimentos depois que os comemos?

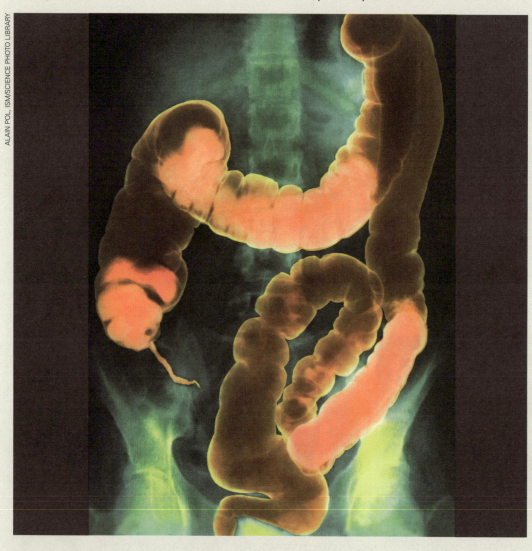

Imagem obtida por raio X e colorida artificialmente, mostrando a parte interna do abdome de um ser humano.

▸ Observe a imagem acima. O que ela retrata? Como você chegou a essa conclusão?

▸ Qual trajeto você imagina que os alimentos fazem dentro do nosso corpo? Faça um desenho representando esse trajeto.

▸ Você sabe o que é digestão? Caso saiba, tente descrever com suas palavras o que esse termo significa.

Para onde vai o alimento que comemos

Ao comer, mastigamos e engolimos os alimentos. E depois, você sabe para onde eles vão? A resposta para essa questão está relacionada ao processo de **digestão** dos alimentos. A digestão envolve várias etapas, que são realizadas por um conjunto de órgãos localizados dentro do corpo humano. É por meio dela que os componentes dos alimentos ingeridos são quebrados, e parte deles é absorvida pelo nosso corpo.

Sistema digestório

Os órgãos que realizam a digestão formam o **sistema digestório**. Esses órgãos estão representados na figura ao lado. Vamos entender melhor como cada um deles participa do processo de digestão.

Os alimentos entram no corpo pela **boca**. Ao serem engolidos, passam pela **faringe** e pelo **esôfago** e chegam ao **estômago**. Em seguida, seguem para o **intestino delgado**, onde os nutrientes são absorvidos. O que não é absorvido passa para o **intestino grosso** e forma as fezes. No fim do intestino grosso está o ânus, por onde as fezes são eliminadas.

Os órgãos em destaque no parágrafo anterior formam o **tubo digestório**, um canal que atravessa o corpo e por onde os alimentos passam.

As **glândulas salivares**, o **fígado** e o **pâncreas** não fazem parte do tubo digestório. Essas estruturas produzem substâncias que auxiliam no processo da digestão.

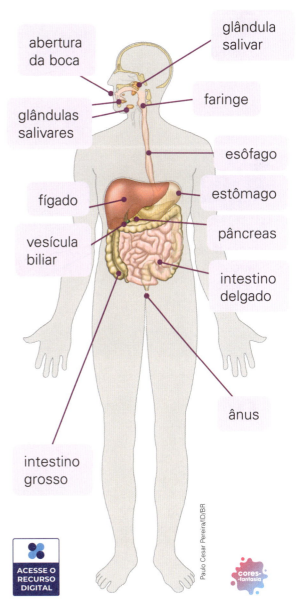

Representação do sistema digestório. (Alguns órgãos estão representados em transparência.)

Fonte de pesquisa da ilustração: J. Sobotta. *Atlas de anatomia humana*. Rio de Janeiro: Guanabara Koogan, 2006. v. 1. p. 14.

1 Após a leitura do texto acima, escreva no caderno o que você entende por digestão. Sua resposta foi semelhante ao que foi discutido na abertura desse capítulo? Explique.

Como é a digestão

Os alimentos que colocamos na boca precisam ser quebrados em porções menores para que o corpo possa ser capaz de absorver os nutrientes e fazê-los circular pelo corpo. Essa quebra acontece por meio da mastigação e da ação de substâncias digestivas, que dividem os alimentos em pedaços menores.

Observe a figura abaixo e acompanhe, pelo texto dos quadros, o caminho que o alimento faz dentro do corpo.

1 A digestão tem início no interior da boca, quando o alimento é triturado pelos dentes e misturado com a saliva, formando o bolo alimentar.

As glândulas salivares produzem saliva, que contém água e substâncias digestivas. A saliva é liberada na boca.

O pâncreas (amarelo) e o fígado (vermelho) produzem substâncias digestivas que são lançadas no intestino delgado.

2 O bolo alimentar chega ao estômago e é misturado com as substâncias digestivas produzidas por esse órgão. O alimento é parcialmente digerido.

3 No intestino delgado (rosa-claro), o bolo alimentar entra em contato com outras substâncias digestivas. Os nutrientes atravessam as paredes do intestino delgado e chegam ao sangue.

4 Os restos de alimento que não foram absorvidos pelo corpo chegam ao intestino grosso. Nesse estágio, grande parte da água presente nos restos alimentares é absorvida pelo corpo. Formam-se então as fezes, que são eliminadas pelo ânus.

Representação do sistema digestório. (Alguns órgãos estão representados em transparência.)

Fonte de pesquisa da ilustração: J. Sobotta. *Atlas de anatomia humana*. Rio de Janeiro: Guanabara Koogan, 2006. v. 1. p. 14.

A mastigação

Uma etapa importante do processo da digestão é a mastigação. Os alimentos são triturados pelos dentes e, conforme se misturam com a saliva, transformam-se no bolo alimentar, uma pasta mole.

A mastigação deve ser bem feita; caso contrário, engolir os alimentos e digeri-los se torna mais difícil. Com formas e tamanhos variados, os dentes da boca desempenham diferentes funções na mastigação.

Nos lados e no fundo da boca estão os pré-molares e os molares. Eles são achatados e trituram os alimentos.

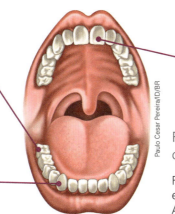

Os incisivos ficam na frente da boca e cortam os alimentos.

Os caninos estão ao lado dos incisivos. Eles rasgam e furam os alimentos.

Representação da dentição de uma criança de 10 anos de idade.

Fonte de pesquisa da ilustração: G. Tortora e S. Grabowski. *Corpo humano*. Porto Alegre: Artmed, 2012. p. 481.

1 Para simular o que acontece com os alimentos durante a mastigação, foi realizado o seguinte experimento: a dois copos com água foram adicionados, ao mesmo tempo, comprimidos efervescentes. Em um copo, o comprimido estava triturado, e em outro, foi colocado o comprimido inteiro.

a. Qual comprimido você acha que se dissolveu por completo mais rapidamente, o triturado ou o inteiro? Por quê?

_____

_____

_____

b. Explique qual é a relação entre o experimento e o que acontece com os alimentos na boca.

_____

_____

_____

Como o alimento vai da boca até o ânus?

O tubo digestório de um adulto tem cerca de 7 metros de comprimento. Ou seja, o alimento ingerido percorre aproximadamente 7 metros desde a boca até o ânus.

Observe novamente a figura da página 92. Note que os intestinos delgado e grosso não estão esticados. Esses órgãos são muito longos. Localizado dentro do abdome, o intestino delgado apresenta várias dobras. O intestino grosso se encontra ao redor do intestino delgado.

Durante o trajeto que faz dentro do corpo, o bolo alimentar é empurrado pelo processo de contração e relaxamento de músculos do esôfago, do estômago e dos intestinos.

A ação dos músculos do tubo digestório não pode ser controlada, ao contrário do que ocorre com os músculos dos braços ou das pernas, por exemplo. Por isso, o bolo alimentar é empurrado ao longo do tubo digestório independentemente de nossa vontade.

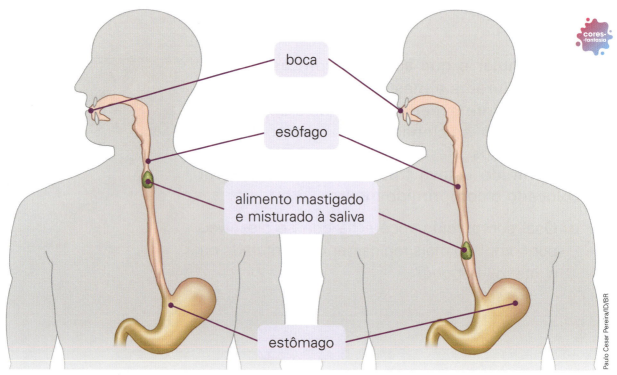

O alimento não "cai" pelo tubo digestório depois de ser engolido. Ele é levado do esôfago em direção ao estômago pela ação de músculos. Esses músculos contraem a parede do esôfago, apertando e empurrando o alimento para baixo.

Fonte de pesquisa da ilustração: J. Sobotta. *Atlas de anatomia humana*. Rio de Janeiro: Guanabara Koogan, 2006. v. 1. p. 14.

2 Após chegar ao estômago, por quais órgãos o bolo alimentar ainda vai passar até chegar ao ânus?

___
___

3 A figura ao lado mostra um esquema simplificado do sistema digestório. Observe-a e responda às questões.

a. Qual letra indica a parte do corpo que:

- elimina as fezes? _____
- conduz o bolo alimentar ao estômago? _____
- é a entrada do alimento no corpo? _____
- forma as fezes? _____
- não faz parte do tubo digestório? _____
- absorve os nutrientes presentes no alimento? _____
- está entre o esôfago e o intestino delgado? _____

A boca
B esôfago
C fígado
D estômago
F intestino grosso
E intestino delgado
G ânus

Fonte de pesquisa da ilustração: G. Tortora e S. Grabowski. *Corpo humano*. Porto Alegre: Artmed, 2012. p. 478.

b. Qual é o nome do órgão indicado na figura pelo símbolo ★ ? _____

4 Numere as frases abaixo na sequência correta.

- [ ] O bolo alimentar chega ao estômago.
- [ ] As fezes são eliminadas pelo ânus.
- [ ] O esôfago conduz o bolo alimentar até o estômago.
- [ ] Os restos alimentares não aproveitados seguem para o intestino grosso.
- [ ] Os alimentos são mastigados na boca.
- [ ] Os nutrientes são absorvidos no intestino delgado.
- [ ] Depois de engolido, o bolo alimentar passa pela faringe e pelo esôfago.

A higiene dos alimentos e a saúde

Você já sabe que maus hábitos alimentares podem provocar doenças como obesidade e desnutrição.

Além disso, há doenças causadas pela falta de higiene em relação aos alimentos e à água. Eles podem estar contaminados por microrganismos causadores de doenças (como a cólera) ou por ovos de animais parasitas (como as lombrigas). Assim, podemos ficar doentes ao ingerir água e alimentos contaminados.

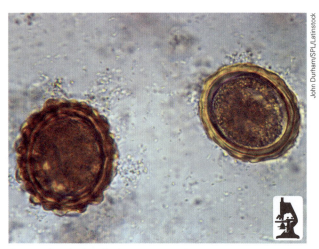

Os ovos de lombriga são muito pequenos para serem vistos a olho nu e podem estar presentes na água e nos alimentos. Essa foto foi tirada com microscópio e aumentada cerca de 1 000 vezes.

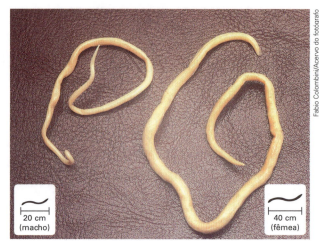

Lombrigas adultas (macho à esquerda, menor, e fêmea à direita, maior). O nome popular desse animal parasita é semelhante a seu nome científico, Ascaris lumbricoides.

O quadro a seguir mostra algumas doenças que podem ser contraídas por ingestão de alimentos contaminados.

Nome	Causada por	Sintomas
Cólera	Bactéria.	Diarreia com sangue e **muco**, fortes dores de barriga, desidratação.
Teníase	Tênia (ou solitária), um animal parasita que pode se desenvolver no intestino humano e chegar a 7 metros de comprimento.	Emagrecimento, enfraquecimento, dor de barriga, indisposição.
Ascaridíase	Lombriga, um animal parasita que pode se desenvolver no intestino humano.	Emagrecimento, enfraquecimento, dor de barriga, indisposição.

Muco: substância mole e grudenta, com consistência de clara de ovo.

Prevenção de doenças

As fezes de pessoas doentes podem ter ovos de parasitas e microrganismos causadores de doenças. Em locais onde o esgoto não é tratado, as fezes são despejadas em rios ou no mar, contaminando a água.

O tratamento de água e a coleta de lixo e de esgoto, que fazem parte do saneamento básico de uma cidade, previnem doenças.

A construção de redes de esgoto depende de ações do governo. Altamira, PA. Foto de 2014.

Além do saneamento básico, podemos prevenir algumas doenças por meio de certos cuidados relacionados à alimentação, tais como:

- lavar as mãos antes de comer e depois de ir ao banheiro;
- lavar frutas e verduras antes de comê-las;
- beber apenas água tratada, filtrada ou fervida;
- cozinhar bem todas as carnes;
- não comer alimentos com aparência ou cheiro diferentes do normal;
- verificar o prazo de validade e o modo de conservação no rótulo dos alimentos.

5 As fotos a seguir foram escolhidas para serem usadas em uma campanha de prevenção de doenças. Escreva uma legenda para cada uma.

Plenarinho
Disponível em: <https://plenarinho.leg.br/index.php/descubra/saude-2/>. Acesso em: 10 jul. 2017.

No *link* "Saúde", há orientações sobre como se alimentar bem, escovar os dentes e muitos outros temas.

Vamos ler imagens!

Ilustrações técnicas do corpo humano

Desenhistas, médicos e pesquisadores se dedicam à tarefa de fazer ilustrações que representem o interior do corpo humano como forma de auxiliar o estudo e o entendimento do funcionamento de nosso organismo.

Ao longo deste capítulo, foram mostradas imagens do sistema digestório humano. Essas ilustrações, no entanto, foram simplificadas para melhor compreensão do público-alvo, isto é, alunos de determinada faixa etária. Agora, observe a figura abaixo. Ela é usada por estudantes de cursos técnicos e universitários.

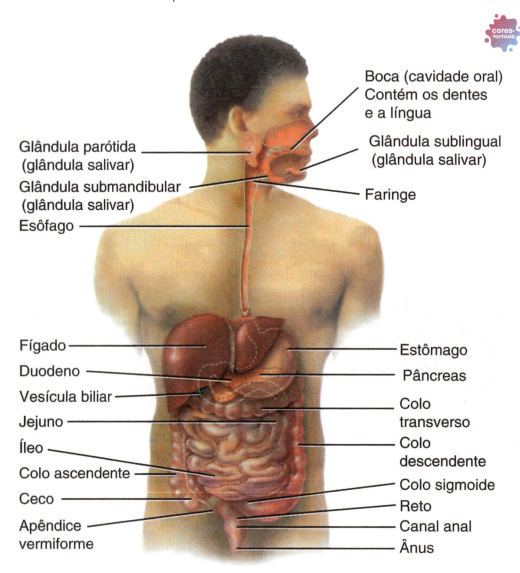

Diagrama da visão lateral da cabeça e do pescoço e visão anterior do tronco.

Representação esquemática dos principais órgãos e estruturas do sistema digestório humano, vista frontal por transparência.

G. Tortora e B. Derrickson. *Princípios de anatomia e fisiologia*. Hoboken: John Wiley & Sons, Inc, 2012. p. 968.

A ilustração da página anterior mostra o corpo em **vista frontal**. Nela, vemos a **parte interna do corpo** como se a pele e os músculos fossem **transparentes**, dando visão aos órgãos internos. As **cores não são reais**: elas foram escolhidas para dar destaque a certos órgãos. Como os órgãos se sobrepõem em nosso corpo, não é possível representá-los por completo em uma vista frontal. Por isso, as **linhas tracejadas** indicam sua forma e posição aproximada por trás dos órgãos que aparecem em **primeiro plano**.

Além disso, existem **cotas** e **fios** que indicam, na imagem, os órgãos e glândulas internos associados ao sistema digestório aprendidos neste capítulo.

> **Cotas:** no contexto em questão, são as palavras associadas à estrutura mostrada na ilustração.
> **Fios:** no contexto em questão, são as linhas que ligam a estrutura apontada à cota.

Agora é a sua vez

1 Compare a imagem da página anterior com a que aparece na página 92. No que elas diferem?

_____

_____

2 O que as linhas tracejadas em branco presentes na imagem da página 98 indicam?

_____

_____

3 Você achou difícil compreender a ilustração técnica? Se achou, quais dificuldades encontrou?

_____

_____

4 Qual é a importância de representações como as reproduzidas nesta seção?

_____

_____

_____

_____

Aprender sempre

1 Preencha as lacunas do texto com as palavras do quadro.

| língua | nutrientes | dentes | saliva | fezes | bolo alimentar |

Na boca, os _____ são responsáveis por triturar o alimento em pequenos pedaços. Já a _____ serve para umedecer o alimento, e a _____ ajuda a empurrá-lo em direção ao estômago. No estômago, substâncias digestivas dividem parcialmente o _____ _____ em pedaços menores. No intestino delgado, os _____ absorvidos do bolo alimentar passam para o sangue. Ao intestino grosso chegam restos que não foram absorvidos pelo corpo. Nessa etapa, grande parte da água presente nos restos alimentares é absorvida, formando as _____.

2 Em qual órgão do tubo digestório você espera encontrar alimentos mais digeridos: no estômago ou no intestino delgado? Que informações você usou para responder a essa pergunta?

_____
_____
_____
_____

3 Observe a cena e responda às questões.

a. Que substância produzida pelo corpo da menina a deixa com água na boca?

_____

b. Explique como essa substância participa do processo de digestão.

_____

4 Leia o texto a seguir e responda à questão no caderno.

> A cólera é uma infecção do intestino delgado causada por um tipo de bactéria, que é transmitida pela água ou por alimentos contaminados com esse microrganismo.
>
> Diarreia e vômitos são os principais sintomas da doença, fazendo com que o corpo desidrate rapidamente.

Texto para fins didáticos.

■ Por que uma pessoa que contraiu cólera precisa ingerir muito líquido?

5 Forme dupla com um colega, retomem os desenhos feitos no começo deste capítulo e avaliem se vocês representaram todos os órgãos do sistema digestório. Comparem o desenho de vocês com a ilustração da página 92. Que semelhanças e diferenças há entre eles?

6 Observe a ilustração a seguir e responda às questões.

a. A água do córrego mostrado na ilustração é adequada ao banho? Por quê?

b. Quais problemas podem surgir em ambientes sem saneamento básico ou sem condições básicas de higiene?

CAPÍTULO 8

Respiração, circulação e excreção

Observe as imagens de Pedro e Marina andando de bicicleta. Durante o passeio, eles perceberam algumas mudanças no corpo: a respiração acelerou, o coração passou a bater mais rápido, a sensação de calor aumentou, e o rosto ficou vermelho e suado.

- Você já sentiu essas alterações em seu corpo? Quando?
- Pedro comentou que o coração para de bater quando ficamos cansados. Você concorda com ele? Por quê?
- Após dez minutos de pausa, as crianças fizeram novas observações. Converse com os colegas: O que deve ter acontecido com a respiração e com os batimentos do coração das crianças?

A respiração

Respiramos o tempo todo, até mesmo enquanto dormimos. Não precisamos sinalizar para o corpo que é necessário respirar.

O gás oxigênio e o gás carbônico fazem parte da composição do ar, ou seja, da atmosfera terrestre. Cada vez que respiramos, um pouco de ar entra e um pouco de ar sai, pelo nariz ou pela boca.

O gás oxigênio do ar que entra em nosso organismo é distribuído, por meio do sangue, a todas as células do corpo. Além de consumir gás oxigênio, o corpo produz gás carbônico, que é eliminado para o ambiente pela respiração. Ou seja, durante a respiração, o corpo absorve parte do gás oxigênio do ar à sua volta e libera parte do gás carbônico que produziu.

O sistema respiratório

O sistema respiratório é formado por órgãos que realizam a troca de gases entre o corpo e o ambiente. Observe o esquema a seguir.

O **nariz** tem pelos que filtram a poeira do ar que entra por ele. O ar segue para as **cavidades nasais**, onde é aquecido e umedecido. Passa então pela **faringe**, pela **laringe** e pela **traqueia**. A traqueia se divide em dois ramos, chamados **brônquios**. Cada brônquio leva o ar para um dos **pulmões**.

Dentro dos pulmões, os brônquios se ramificam em tubos cada vez mais finos, que chegam a minúsculos sacos chamados **alvéolos**. Cada pulmão tem milhões de alvéolos.

Assim, o ar que entra pelo nariz percorre esses tubos até chegar aos alvéolos. O gás oxigênio passa então dos alvéolos para o sangue.

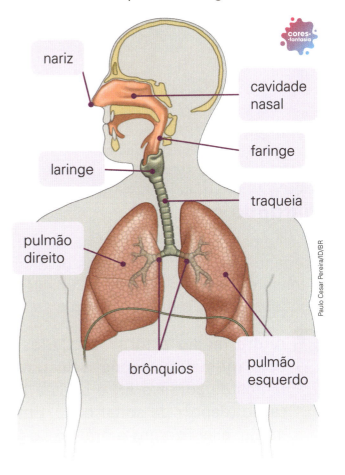

Representação do sistema respiratório. (A porção superior da imagem está representada em corte; a metade inferior, por transparência, incluindo os pulmões.)

Fonte de pesquisa da ilustração: J. Sobotta. *Atlas de anatomia humana*. Rio de Janeiro: Guanabara Koogan, 2006. v. 1. p. 14.

Entrada e saída de ar

O diafragma é um músculo localizado na base da cavidade torácica. A contração e o relaxamento desse músculo estão relacionados aos movimentos respiratórios, que possibilitam a entrada e a saída de ar do nosso corpo. Dizemos que a respiração tem dois movimentos: a **inspiração**, quando o ar entra no corpo, e a **expiração**, quando o ar sai do corpo.

Além do diafragma, os músculos intercostais, que ficam entre as costelas, participam da inspiração e da expiração.

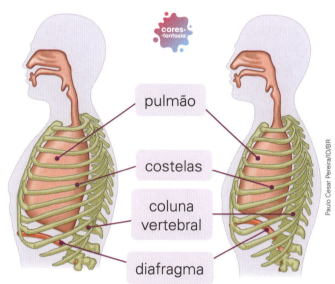

Durante a **inspiração**, o diafragma se contrai, e o volume da caixa torácica aumenta, fazendo o ar entrar.

Em seguida, acontece a **expiração**: o diafragma relaxa, o volume da caixa torácica diminui, e o ar sai.

Representação dos movimentos respiratórios. Os pulmões ficam no tórax, protegidos pelas costelas, em uma cavidade chamada **caixa torácica**.

Fonte de pesquisa da ilustração: G. Tortora e S. Grabowski. *Corpo humano*. Porto Alegre: Artmed, 2006. p. 459.

Filtrando o ar

Ao passar pela cavidade nasal, parte das impurezas e dos microrganismos presentes no ar fica retida nos pelos e no muco (líquido viscoso). Além disso, a tosse e o espirro ajudam a eliminar a poeira que entra nas vias respiratórias, pois esses movimentos forçam a saída de ar do corpo.

1 André mediu o tórax de Carlos em dois momentos: após a inspiração (antes de soltar o ar) e após a expiração (depois de soltar o ar). Em seguida, eles fizeram o gráfico ao lado com os resultados. Responda no caderno: Qual das barras representa o tamanho do tórax de Carlos antes de soltar o ar? Por quê?

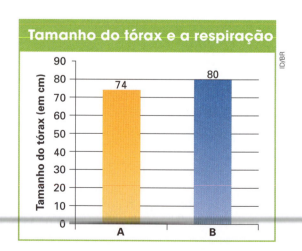

Na prática

Modelo de funcionamento do sistema respiratório

Nesta atividade, você e os colegas, organizados em grupos, vão construir um modelo que representa a entrada e a saída de ar dos pulmões.

Vocês vão precisar de:

- uma garrafa plástica transparente de 2 L
- três balões de aniversário de qualquer cor
- tesoura com pontas arredondadas
- dois tubos de caneta sem carga
- linha de costura
- massa de modelar
- fita-crepe

Experimentem

1. O professor vai cortar a garrafa como mostra a foto ao lado. Atenção: cuidado para não se ferir com a borda da garrafa, que pode ser cortante.
2. Tapem com fita-crepe o furinho da lateral de cada tubo de caneta.
3. Coloquem uma das extremidades de cada tubo dentro de um balão e usem linha para prendê-los, como mostra a foto ao lado. Reservem o terceiro balão.

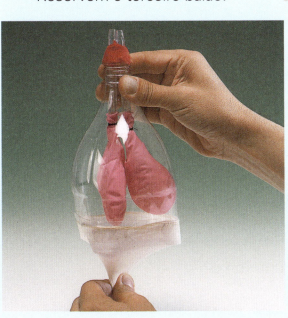

4. Encaixem os tubos dentro da garrafa cortada e usem massa de modelar para prendê-los.
5. Cortem o fundo do terceiro balão e deem um nó na parte central. Prendam a parte larga do balão com fita-crepe no fundo da garrafa para que ele se mantenha fixo no lugar.
6. Uma pessoa do grupo vai movimentar o balão como mostra a foto ao lado. Observem o que acontece quando ela segura o nó e puxa o balão para baixo e quando o empurra para cima.

Respondam

1 O que acontece quando você movimenta a bexiga com o nó?

_____

2 Observe a figura abaixo e compare o modelo ao corpo humano. Que parte do corpo é representada:

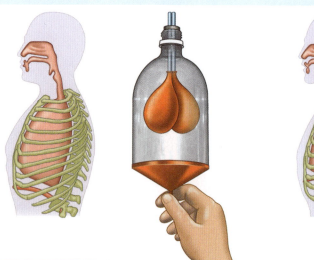
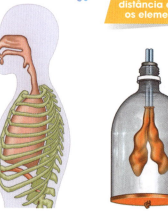

Representação sem proporção de tamanho e distância entre os elementos.

a. pelo balão com o nó?

_____

b. pela garrafa?

_____

c. pelos tubos de caneta?

_____

d. pelos balões presos aos tubos?

_____

3 Que movimento respiratório é representado quando:

- puxamos para baixo a bexiga com o nó?

_____

- empurramos para cima a bexiga com o nó?

A circulação e a excreção

Todas as partes do corpo precisam de nutrientes e de gás oxigênio. Você já pensou em como essas substâncias chegam, por exemplo, aos dedos dos pés?

Transportar nutrientes e gases

O sangue, os vasos sanguíneos e o coração formam o sistema cardiovascular. Juntos, possibilitam que nutrientes, gases e outras substâncias sejam distribuídos e transportados para todo o corpo.

Sistema cardiovascular

A figura ao lado representa o sistema cardiovascular, também chamado de **circulatório**.

O **sangue** é um líquido vermelho e viscoso que circula por todo o corpo.

O **coração** é o órgão que mantém o sangue circulando. Ele está localizado na caixa torácica, entre os dois pulmões.

Os **vasos sanguíneos** são tubos por onde o sangue circula.

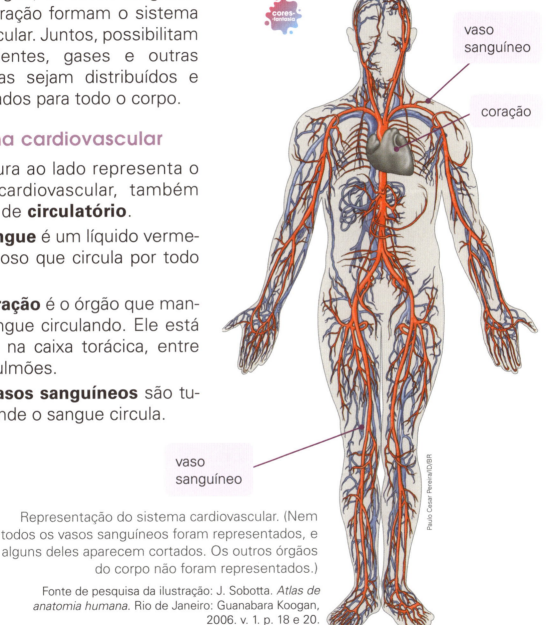

Representação do sistema cardiovascular. (Nem todos os vasos sanguíneos foram representados, e alguns deles aparecem cortados. Os outros órgãos do corpo não foram representados.)

Fonte de pesquisa da ilustração: J. Sobotta. *Atlas de anatomia humana*. Rio de Janeiro: Guanabara Koogan, 2006. v. 1. p. 18 e 20.

Sangue

Os nutrientes absorvidos no intestino e o gás oxigênio absorvido nos pulmões se misturam ao sangue e são transportados e distribuídos para todo o corpo. Também é o sangue que transporta o gás carbônico e outras substâncias que devem ser eliminadas do corpo.

Coração

O coração é um órgão muscular que contrai e relaxa independentemente da nossa vontade. A cada contração do coração, um pouco de sangue é impulsionado desse órgão para os vasos sanguíneos.

Você quer saber qual é o tamanho do seu coração? Geralmente, o coração de cada ser humano é do tamanho aproximado de sua própria mão fechada. O tamanho desse órgão, portanto, varia de um indivíduo para outro. O coração de uma pessoa adulta tem cerca de 300 gramas.

Batimentos do coração

Quando o corpo está em repouso, o coração de um adulto bate, em média, 70 vezes por minuto. A cada contração, cerca de 70 mililitros de sangue são bombeados para os vasos sanguíneos. Então, podemos calcular que, em apenas 1 minuto, o coração bombeia por volta de 5 litros de sangue. Em momentos de atividade física, no entanto, o coração bate mais rápido e mais forte, e o número de batimentos cardíacos pode até dobrar.

Vasos sanguíneos

Existem muitos vasos sanguíneos no corpo. Os vasos que conduzem o sangue que sai do coração para outras partes do corpo são chamados de **artérias** (representados em vermelho na figura da página 107). Os vasos que conduzem o sangue do corpo todo para o coração são chamados de **veias** (representados em azul na mesma figura).

Uma de nossas artérias pode ter, em alguns trechos, pouco mais de 3 cm de diâmetro, em uma pessoa adulta. Mas há vasos que são mais finos que um fio de cabelo – esses vasos são chamados de **vasos capilares**.

Seriam necessárias dez garrafas pequenas de água para representar a quantidade de sangue que circula em nosso corpo a cada minuto. Esses cinco litros de sangue bombeados por minuto pelo coração também poderiam ser representados por cinco embalagens de leite.

1 Quando fazemos esforço físico, os músculos envolvidos necessitam de maior quantidade de gás oxigênio e de energia. O aumento dos batimentos do coração está relacionado a isso? Explique.

Na prática

Medindo a pulsação

Cada vez que o coração bate, ele impulsiona o sangue pelos vasos. Esse movimento pode ser percebido por meio da pulsação. Cada pulsação corresponde a um batimento do coração. Nesta atividade, você vai medir a própria pulsação.

Você vai precisar de:
- um relógio

Experimente

1. Sente-se e descanse por, pelo menos, 2 minutos antes de começar.
2. Coloque os dedos indicador e médio sobre a parte interna do punho, como mostrado na foto. Mova os dedos até sentir sua pulsação.
3. Conte o número de pulsações em 1 minuto.

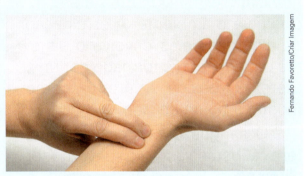

Pessoa sentindo a pulsação na parte interna do punho.

Responda

1. Quantas pulsações você contou em 1 minuto?

___

2. Você achou fácil ou difícil sentir a própria pulsação?

___

3. Que dica você daria a uma pessoa que precisa realizar esse procedimento pela primeira vez?

___

4. O que aconteceria se essa contagem fosse feita após a aula de Educação Física?

___

Eliminar resíduos e gás carbônico

Além de levar nutrientes e gás oxigênio para todas as partes do corpo, o sangue transporta gás carbônico e outras substâncias produzidas pelo organismo que precisam ser eliminadas para o ambiente.

O gás carbônico é levado pelo sangue até os pulmões e sai do corpo pela expiração. As demais substâncias são eliminadas do corpo pela urina.

▪ Sistema urinário

Os órgãos do corpo humano precisam eliminar certas substâncias para o ambiente. A eliminação de algumas delas envolve o sistema urinário, que é formado por rins, ureteres, bexiga e uretra, como mostra a figura ao lado.

O sangue que chega aos **rins** tem substâncias que devem ser eliminadas. Dentro desse órgão, o sangue é filtrado. Nesse processo, essas substâncias são retidas com um pouco de água. O sangue filtrado sai do rim e continua circulando pelo corpo.

As substâncias e a água retidas no rim formam a urina, que passa para os **ureteres**, que são canais que ligam os rins à **bexiga urinária**.

A urina permanece armazenada na bexiga urinária (que aumenta de tamanho conforme recebe o líquido) até ser eliminada do corpo, passando pela **uretra**.

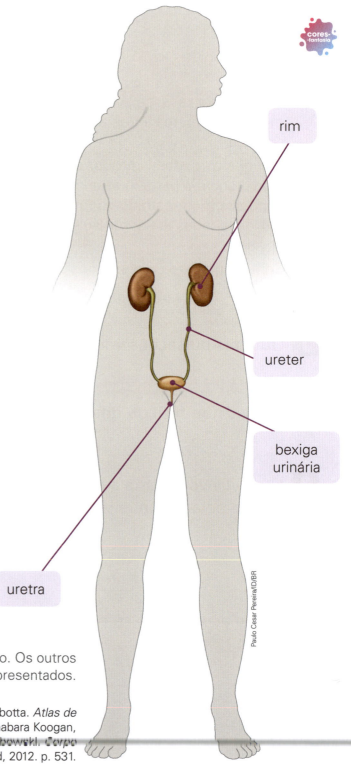

Representação do sistema urinário. Os outros órgãos do corpo não foram representados.

Fontes de pesquisa da ilustração: J. Sobotta. *Atlas de anatomia humana*. Rio de Janeiro: Guanabara Koogan, 2006. v. 2. p. 217; G. Tortora e S. Grabowski. *Corpo humano*. Porto Alegre: Artmed, 2012. p. 531.

2 Os gráficos abaixo mostram o ganho e a perda de água de um adulto em um dia. Sobre eles, responda em seu caderno.

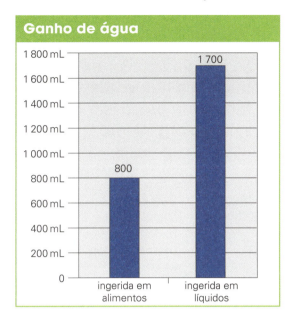

a. Qual atividade elimina a maior quantidade de água?

b. Quanta água a pessoa representada nesses gráficos ingeriu em um dia? Quanta água ela perdeu?

c. Ela ingeriu água suficiente para repor as perdas?

3 Observe a figura do sistema urinário ao lado.

a. O que as setas pretas representam?

b. Se você ficar muito tempo sem urinar, qual das estruturas ao lado deve ficar um pouco maior?

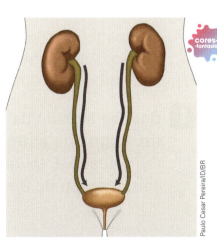

Fontes de pesquisa da ilustração: J. Sobotta. *Atlas de anatomia humana*. Rio de Janeiro: Guanabara Koogan, 2006. v. 2. p. 217; G. Tortora e S. Grabowski. *Corpo humano*. Porto Alegre: Artmed, 2012. p. 531.

O corpo é um todo integrado

Mesmo quando estamos descansando, em absoluto repouso, nosso corpo continua a realizar funções como a respiração, a circulação, a excreção e a digestão. Os sistemas que realizam essas funções atuam em conjunto e dependem uns dos outros para funcionar, pois estão integrados. Por exemplo, o gás oxigênio é necessário para que a energia contida nos nutrientes seja liberada. E o sistema digestório, como vimos, tem a função de processar os alimentos para que os nutrientes se tornem disponíveis para o organismo.

Observe a situação a seguir:

O trabalho dos músculos produz calor. Então transpiramos, e a evaporação do suor refresca o corpo.

Respiramos mais rapidamente, e mais gás oxigênio chega a todas as partes do corpo.

A pele do rosto fica vermelha.

Os vasos sanguíneos da pele dilatam (ficam com diâmetro maior).

O coração bate mais rapidamente e leva mais sangue aos músculos e ao cérebro.

Atividades físicas intensas, como pular corda, correr ou jogar bola, consomem muita energia e provocam algumas alterações no corpo. Ao interromper a atividade física, o gasto de energia diminui, e a respiração e os batimentos cardíacos voltam ao ritmo normal, por exemplo.

Outros fatores, como raiva e ansiedade, também provocam mudanças no organismo. As reações produzidas em situações de perigo permitem ações rápidas, como lutar ou fugir, por exemplo.

1 Beto se atrasou para ir à escola e teve de correr para não perder o horário. Logo que entrou no ônibus, todos repararam que ele estava vermelho e suado. Explique aos colegas por que essas alterações aconteceram com o corpo de Beto.

_____
_____

2 Leia o texto e responda às questões no caderno.

> O ar [inspirado] pela boca não passa pelo processo de filtração, umidificação e aquecimento e chega ao organismo no estado em que se encontra no ambiente, com impurezas, seco e mais frio.
>
> Esse ar [...] deixa o sistema respiratório mais vulnerável a doenças respiratórias e a alergias. [...] O fato de não respirar pelo nariz acaba interferindo também na alimentação, pois há uma diminuição no olfato e consequentemente no apetite. É como quando estamos gripados e não sentimos o gosto do que comemos. [...]

Andréa Perdigão Gayotto. *Folha de S.Paulo*. Cotidiano. Disponível em: <http://www1.folha.uol.com.br/fsp/cotidian/ff2410199922.htm>. Acesso em: 17 abr. 2017.

a. Quais sistemas foram mencionados no texto direta ou indiretamente?

b. Que relação o texto estabelece entre os sistemas mencionados?

3 Eduardo pegou pneumonia, uma doença causada por microrganismos que atacam os pulmões. O médico receitou um medicamento, em comprimidos, que deve ser tomado três vezes ao dia. Converse com os colegas sobre as questões a seguir.

a. Que caminho a substância presente no medicamento faz para chegar até os pulmões?

b. Como os resíduos do medicamento serão eliminados pela urina?

4 Quando você leva um susto, seus batimentos cardíacos aumentam ou diminuem? Como essa reação poderia ajudar você a fugir correndo daquilo que lhe assustou?

Aprender sempre

1. Leia algumas informações sobre como cuidar do coração e discuta as questões com os colegas.

> A saúde do nosso coração depende de nós, das nossas escolhas e dos nossos hábitos. A sabedoria popular diz "você é o que você come" e, de fato, a comida que ingerimos tem um grande impacto na nossa saúde e bem-estar, interferindo diretamente na nossa qualidade de vida.
>
> A correria do dia a dia e os avanços da tecnologia fazem com que nos preocupemos cada vez menos com o nosso estilo de vida e o resultado disso é alimentação inadequada, sedentarismo, estresse e maior número de doenças.
>
> Hábitos de vida saudáveis como alimentação equilibrada, atividade física regular […] e controle emocional reduzem o risco de desenvolver doenças […], como as doenças de coração […].
> […]

InCor. Como cuidar do seu coração. Disponível em: <http://www.latinmed.com.br/clientes/2013/incor/cartilha/como-cuidar-do-seu-coracao/files/res/downloads/book.pdf>. Acesso em: 23 fev. 2017.

a. Segundo o texto, quais hábitos podemos adotar para cuidar da saúde do coração?

b. Interpretem a frase: "Você é o que você come".

c. Algumas doenças aumentam os batimentos cardíacos, mas outras situações também podem provocar esse efeito. Citem duas situações em que isso ocorre.

2. Carla tem o hábito de tomar bastante água diariamente, mas seu irmão Lucas permanece muito tempo sem beber nada.

a. A cor da urina dos irmãos deve ser diferente? Explique o motivo.

b. Lucas diz que fica sem beber líquidos para não ir toda hora ao banheiro. Explique a ele por que essa atitude não é saudável.

3 A figura ao lado mostra o sistema respiratório.

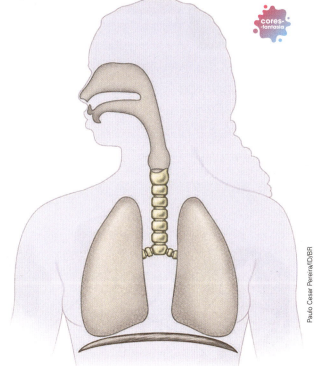

Representação do sistema respiratório.

a. No desenho, represente:
- em azul, o trajeto percorrido pelo ar desde sua entrada no corpo até chegar aos pulmões;
- em vermelho, o trajeto percorrido pelo ar desde os pulmões até ser expirado.

b. Qual gás é absorvido pelo corpo na inspiração e qual é eliminado na expiração?

_____

_____

c. O ar está ligado à disponibilidade de energia em nosso corpo? Por quê?

_____

_____

4 De acordo com a Organização Mundial da Saúde (OMS), uma série de fatores devem ser considerados para avaliar se uma pessoa tem uma vida saudável. O tipo de alimentação, as condições de moradia e o tempo para lazer, por exemplo, são fatores que influenciam a saúde de uma pessoa.

a. Você acredita que leva uma vida saudável?

_____

b. Que hábitos você poderia mudar ou melhorar para tornar sua vida mais saudável?

_____

c. Agora, monte os peões da página 169 e o tabuleiro das páginas 171 a 173, destaque as cartas das páginas 175 a 177 e prepare-se para participar da **Gincana da saúde**!

CAPÍTULO 9

Transformações no corpo e reprodução

O começo da vida dos seres humanos ocorre dentro do corpo da mãe. Depois de nascer, vamos crescendo ao longo dos anos até chegarmos a um ponto em que o organismo para de se desenvolver e começa a envelhecer. Observe o grupo de pessoas abaixo.

▶ Você acha mais provável que a ilustração represente uma família ou amigos reunidos? Por quê?

▶ Os indivíduos da ilustração estão em etapas diferentes de desenvolvimento. Que etapas são essas? Dê nome a essas fases de acordo com seus conhecimentos pessoais.

▶ Que diferenças podemos observar ao comparar o corpo de mulheres e homens? Para responder, use seus conhecimentos e observe a imagem.

A puberdade

No início da adolescência, existe um período chamado de **puberdade**. Nesse período, o corpo da criança começa a se transformar no corpo de um adulto.

A puberdade começa por volta dos 11 ou 12 anos, mas pode acontecer antes ou depois. Não existe uma idade exata para essas transformações do corpo, e elas não ocorrem de uma hora para outra. Por isso, não é preciso ter pressa nem comparar seu corpo com o de outras pessoas de sua idade. Cedo ou tarde, todos passam por essas mudanças.

O que muda no corpo

As transformações da puberdade acontecem tanto nos meninos quanto nas meninas. Algumas dessas transformações são mais ou menos iguais para os dois, mas outras são diferentes.

Observe as imagens a seguir e leia a descrição de algumas mudanças que ocorrem no corpo durante essa fase.

Nas meninas
- As mamas começam a crescer.
- O quadril alarga e a cintura afina.
- Ocorre a primeira **menstruação**.

Nos meninos
- Começa a aparecer a barba.
- A voz engrossa e às vezes fica desafinada.
- Os testículos e o pênis aumentam de tamanho.
- Ocorre a primeira **ejaculação**.

Nas meninas e nos meninos
- Os músculos crescem numa velocidade maior.
- Pés e mãos crescem desproporcionalmente.
- Acontece um estirão de crescimento em altura – crescimento rápido em pouco tempo.
- A pele fica mais oleosa e podem surgir cravos e espinhas.
- Surgem pelos na **região pubiana** e nas axilas.

Menstruação: sangramento que ocorre através da vagina e que contém parte da camada interna do útero.
Ejaculação: lançamento de espermatozoides (células reprodutoras masculinas) para o meio externo, através do pênis.
Região pubiana: região dos órgãos genitais.

As mudanças da puberdade são importantes. Elas preparam meninos e meninas para a vida adulta. Isso inclui a capacidade de reprodução, isto é, ter filhos. E não é só o corpo que muda: com a puberdade, o adolescente se torna mais independente e passa por mudanças de interesses e de comportamento.

Ou seja, até que meninos e meninas se tornem adultos, eles precisam passar por um processo de amadurecimento tanto físico quanto emocional.

Existem mudanças comuns a todas as pessoas na fase da puberdade, mas cada corpo se desenvolve de uma maneira única, refletindo as características e a história de vida de cada indivíduo.

1 Leia o texto abaixo. Depois, faça o que se pede e responda às questões.

Tempo de mudanças

[...] o corpo começa a mudar sem muita explicação, e raramente é do jeito que se gostaria que fosse. Algumas coisas crescem demais, outras de menos. A menstruação vem muito cedo ou demora uma eternidade para dar o ar da graça. A pele lisinha começa a ser invadida por cravos e espinhas, e seus pelos (aqueles que você nem percebia que tinha) parecem tomar conta das suas pernas.

[...] Apesar de soar como mentira, acredite: nada disso é motivo para pânico e, tenha certeza, vai passar. [...] Mas, até lá, a dica é tentar não se preocupar tanto e aprender mais sobre o que está acontecendo com o seu organismo. Quanto mais você entender como funciona seu corpo, menos grilos vão aparecer por aí.

Jairo Bouer. *O corpo das garotas*. São Paulo: Panda Books, 2010. p. 6-7.

a. Copie, no caderno, as mudanças físicas da puberdade citadas no texto, separando as que ocorrem só em meninos, as que acontecem só com meninas e as que são comuns aos dois.

b. As mudanças que ocorrem no corpo das meninas ou dos meninos acontecem da mesma forma para qualquer pessoa? O que o texto indica sobre esse assunto?

O corpo adulto

Na fase adulta, o organismo de homens e mulheres está plenamente preparado para gerar uma nova vida, ou seja, está pronto para se reproduzir.

Veremos, a seguir, as principais características dos órgãos envolvidos no processo de reprodução dos seres humanos. O conjunto de órgãos relacionados à reprodução forma o **sistema genital**.

O sistema genital dos homens

As ilustrações abaixo mostram os principais órgãos do sistema genital masculino e sua posição no corpo. Externamente, é possível ver apenas o pênis e o escroto. As imagens mostram também alguns órgãos vistos por dentro.

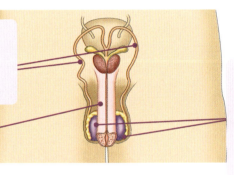
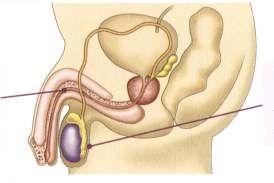

Ductos deferentes
Canais que levam os espermatozoides dos testículos para a uretra.

Pênis
Dentro dele está a uretra.

Testículos
Órgãos que produzem espermatozoides (células reprodutoras masculinas).

Uretra
Canal que, entre outras funções, leva os espermatozoides para fora do corpo.

Escroto
Local onde os testículos ficam alojados.

Representação sem proporção de tamanho e distância entre os elementos.

Representações simplificadas do sistema genital masculino em visão frontal e visão lateral.
Fonte de pesquisa das ilustrações: J. Sobotta. *Atlas de anatomia humana*. Rio de Janeiro: Guanabara Koogan, 2006. v. 1. p. 15.

Desde a puberdade, os testículos passam a produzir **espermatozoides**. Milhões de espermatozoides são gerados diariamente. Eles têm formato alongado, com cabeça e cauda. O deslocamento ocorre por meio de movimentos da cauda.

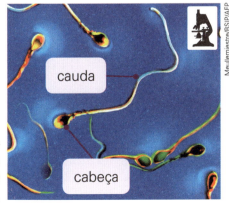

Os espermatozoides são células muito pequenas e não podem ser vistos a olho nu. Esta foto mostra espermatozoides observados ao microscópio. Ela foi ampliada cerca de 2 500 vezes e colorida artificialmente.

cento e dezenove **119**

O sistema genital das mulheres

As ilustrações abaixo mostram os principais órgãos do sistema genital feminino e sua posição no corpo. Esses órgãos são internos ao corpo da mulher.

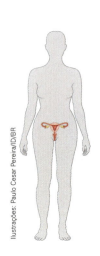

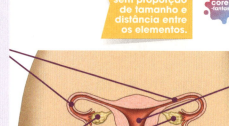

Representação sem proporção de tamanho e distância entre os elementos.

cores-fantasia

Tubas uterinas
Canais que ligam os ovários ao útero. Os óvulos produzidos pelos ovários passam por esses canais até chegar ao útero.

Útero
Órgão onde ocorre o desenvolvimento do bebê, caso a mulher fique grávida.

Ovários
Órgãos que produzem óvulos (células reprodutoras femininas).

Vagina
Canal que liga o útero à parte externa do corpo. A abertura da vagina se localiza perto da abertura da uretra, por onde a urina sai.

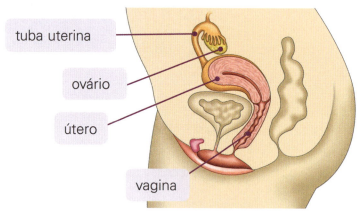

- tuba uterina
- ovário
- útero
- vagina

Representações simplificadas do sistema genital feminino em visão frontal e visão lateral. O útero e a vagina aparecem em corte.

Fonte de pesquisa das ilustrações: J. Sobotta. *Atlas de anatomia humana*. Rio de Janeiro: Guanabara Koogan, 2006. v. 1. p. 15.

Em geral, um **óvulo** (célula reprodutora feminina produzida pelos ovários) é liberado de um dos ovários a cada mês e lançado na tuba uterina. Esse processo se chama **ovulação** e começa a ocorrer na puberdade.

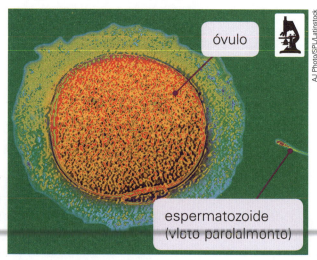

- óvulo
- espermatozoide (visto parcialmente)

O óvulo tem formato arredondado e é bem maior que um espermatozoide, mas ainda assim é muito pequeno. Esta foto mostra um óvulo visto ao microscópio. Ela foi ampliada cerca de 580 vezes e colorida artificialmente.

O ciclo menstrual e o corpo feminino

Nas mulheres, a puberdade é marcada pelo **ciclo menstrual**. Vejamos a seguir o que acontece, em linhas gerais.

Todo mês um dos ovários da mulher libera um único óvulo. A cada vez que isso acontece, o útero feminino se prepara para receber um óvulo fecundado: a **camada interna do útero** se torna mais espessa e rica em vasos sanguíneos. Porém, na maioria dos meses, a fecundação não acontece. Então, a parte da camada interna do útero que se desenvolveu apenas para receber o óvulo fecundado é eliminada através da vagina na forma de um sangramento. É a **menstruação**, que geralmente dura quatro ou cinco dias. Depois de alguns dias o ovário libera um novo óvulo, retomando o ciclo.

O ciclo menstrual dura cerca de **28 dias**, tem início no primeiro dia da menstruação e se estende até o primeiro dia da menstruação seguinte.

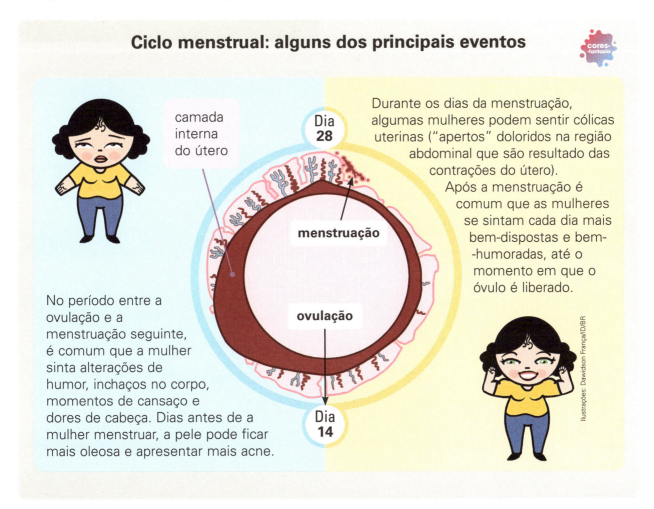

O ciclo menstrual envolve várias mudanças periódicas que acontecem repetidamente no corpo da mulher. Essas transformações são controladas por substâncias produzidas no organismo feminino e são muito importantes na vida da mulher, pois têm influências em seu estado emocional e físico. Além disso, essas mudanças são fundamentais para que seja possível a geração de uma nova vida.

A reprodução humana

Para que haja reprodução, isto é, formação de um novo ser humano, é preciso que um espermatozoide (produzido por um homem) encontre um óvulo (produzido por uma mulher). A **fusão** entre óvulo e espermatozoide é chamada **fecundação**.

Em geral, a fecundação nos seres humanos acontece após a **relação sexual**. Nela, milhões de espermatozoides são lançados na vagina. Eles se deslocam pela abertura do útero, atingindo o seu interior, e, em seguida, chegam às tubas uterinas, onde podem encontrar o óvulo. Milhões de espermatozoides chegam ao óvulo, mas só um consegue penetrá-lo, fecundando-o.

Depois de fecundado, o óvulo desloca-se para o útero e se fixa à parede interna desse órgão. O desenvolvimento do óvulo fecundado dará origem a um bebê.

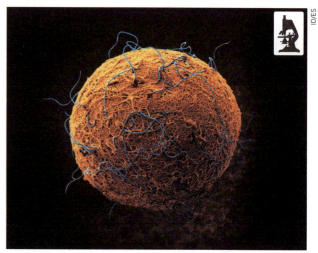

Óvulo cercado de espermatozoides. O óvulo aparece em tom alaranjado e os espermatozoides estão em azul. Essa imagem foi obtida por microscópio, ampliada cerca de 620 vezes e colorida artificialmente.

Fusão: neste contexto, é a união de um ou mais elementos de modo que se tornem um só.

1 Sobre a fecundação, escreva o nome:

a. das células que se unem nesse processo.

___

b. do órgão onde ela ocorre.

___

c. do canal que liga o útero ao exterior do corpo

___

Desigualdade de gênero
Disponível em: <https://www.youtube.com/watch?v=DvuZ49FJnq0>. Acesso em: 7 nov. 2017.

Essa página contém um vídeo, desenvolvido com a ajuda de crianças e adolescentes, sobre como meninos e meninas devem ter os mesmos direitos e serem respeitados.

A gravidez e o nascimento

A gravidez começa quando o óvulo fecundado se fixa ao útero. Na espécie humana, a gravidez também é chamada de **gestação** e dura cerca de 38 a 42 semanas, o que corresponde, aproximadamente, a 9 meses.

Durante esse período, o **feto** permanece dentro do útero, onde se desenvolve. Uma bolsa cheia de líquido envolve o feto e o protege até o nascimento.

Todas as substâncias de que o feto precisa, como nutrientes e gás oxigênio, vêm do corpo da mãe. Elas passam para o corpo do feto através da **placenta**, um órgão que se desenvolve dentro do útero durante a gravidez. A ligação entre a placenta e o feto é feita pelo **cordão umbilical**. Também é por meio do cordão umbilical e da placenta que as substâncias produzidas pelo feto que não podem permanecer em seu corpo passam para o corpo da mãe, de onde são eliminadas.

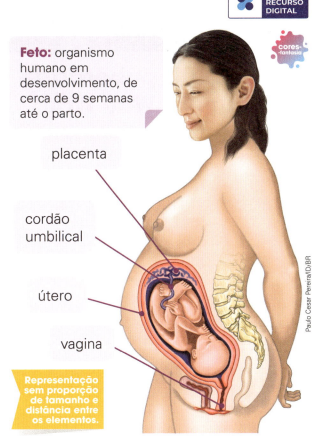

Feto: organismo humano em desenvolvimento, de cerca de 9 semanas até o parto.

Representação sem proporção de tamanho e distância entre os elementos.

Representação do bebê dentro do corpo da mãe por volta do nono mês de gestação. Uma porção do corpo da mãe aparece em corte para mostrar o bebê em seu interior.

Fonte de pesquisa da ilustração: Corpo humano e saúde. *Ciência Hoje na Escola*. Rio de Janeiro: SBPC, v. 3, p. 20, 2000.

Por volta do nono mês de desenvolvimento, o bebê está pronto para nascer. O rompimento da bolsa de líquido que o envolve é um sinal de que o nascimento está próximo.

O corpo da mãe passa por mudanças durante o parto, que é o processo de nascimento. Em geral, o útero se contrai várias vezes ao longo de algumas horas. As contrações empurram o bebê para fora do útero e ele sai do corpo da mãe através da vagina. Esse processo é conhecido como **parto normal**.

Alguns bebês também podem nascer por **cesariana**. Nesse caso, é feito um corte no abdome da mãe e o bebê é retirado por essa passagem. O ideal é que essa cirurgia seja feita apenas quando o parto normal não possa ser realizado, como nas situações em que a mãe ou o bebê correm algum risco.

2 Entreviste uma mulher que tenha passado por um parto. Pergunte: O parto foi normal ou cesariana? Como foi a recuperação depois do parto? Como você se sentiu ao se tornar mãe?. Anote as respostas no caderno e, depois, troque informações com os colegas em sala de aula.

Pessoas e lugares

O ritual de puberdade entre os Juma e os Uru-Eu-Wau-Wau

Em algumas comunidades indígenas do Brasil e de outros países, a transição para a fase adulta é marcada por um **ritual de passagem** da puberdade que varia de uma etnia para outra. Esse ritual acontece, por exemplo, entre a população das etnias indígenas brasileiras **Juma** e **Uru-Eu-Wau-Wau**. Veja a localização desses povos no mapa ao lado.

A etnia Juma sofreu um longo massacre entre as décadas de 1960 e 1970. Diante do risco de extinção da etnia, em 1999, funcionários da Funai levaram os Juma para viver no território dos índios Uru-Eu-Wau-Wau, em Rondônia. Em 2013, os indivíduos sobreviventes do povo Juma, e seus descendentes, retornaram ao seu território original, no estado do Amazonas.

Os Juma e os Uru-Eu-Wau-Wau têm a tradição de organizar a **Festa da Menina-Moça**. Sobre isso, leia o trecho do texto a seguir.

Fonte de pesquisa: *Meu 1º atlas*. Rio de Janeiro: IBGE, 2012. p. 98.

Território original dos Juma, em Canutama, Amazonas. Foto de 2016.

[...] Assim que teve a primeira menstruação, Tejuvi foi levada para uma rede, onde permaneceu reclusa [por 21 dias]. [...] No período em que ficou na rede, o único contato da menina Tejuvi foi com as tias Borehá e Maitá, além da mãe Mandeí, que a alimentavam.

Quando chegou a hora de sair da rede, a família se reuniu em volta da garota ainda no meio da madrugada e começou a cantar. O dia era 11 de abril de 2016.

É um momento de angústia. As músicas são melancólicas e falam do sofrimento que a vida adulta traz. [...]

Sob a escuridão da noite, o ambiente carregado convida ao choro. Fragilizada pelo extenso período de reclusão, a garota foi levada para se sentar em uma cadeira, ainda dentro da casa.

Enquanto os familiares assistiam em silêncio, os pais Kuary e Mandeí a preparavam. O corpo da menina é pintado com jenipapo. Uma longa pulseira foi enrolada no braço em um movimento repetitivo que pareceu infinito. Ostentando um colar de dentes e ossos, a jovem enfim se levantou e saiu da reclusão.

[...]

Cercada pelos familiares, a menina caminhou carregando baldes até o rio, onde se manteve como uma rocha enquanto foi banhada pela mãe Mandeí. O único barulho que se escutou foi da água.

No retorno à aldeia, quem voltou foi a mulher Tejuvi; a vida de garota deixou de existir. Assim, ela assumiu as novas responsabilidades, e no dia especial foi preparar a refeição de todos os convidados – sempre em silêncio e jamais sorrindo.

Por mais que outras pessoas ajudem a quebrar e a cortar a castanha, foi Tejuvi quem ficou encarregada de cozinhar. Afinal, ela já se tornara uma mulher adulta.

Fonte de pesquisa: A Festa da Menina-Moça Tejuvi Juma-Uru Eu Wau Wau. Gabriel Uchida. Disponível em: <http://amazoniareal.com.br/a-festa-da-menina-moca-tejuvi-juma-uru-eu-wau-wau/>. Acesso em: 9 maio 2017.

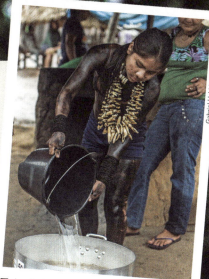

Tejuvi durante a Festa da Menina-Moça, em Canutama, Amazonas. Foto de 2016.

Tejuvi acompanhada de outras mulheres durante a Festa da Menina-Moça, em Canutama, Amazonas. Foto de 2016.

1 Você acha que o ritual da menina-moça da etnia indígena Juma e Uru-Eu-Wau-Wau se parece com a passagem para a vida adulta que é realizada no local em que você vive? Quais as diferenças? E quais as semelhanças?

2 Rituais de passagem marcam uma mudança do papel que um certo grupo social espera de uma pessoa. Alguns exemplos são os bailes de debutante, as festas de formatura e os casamentos. Que tipo de passagem cada um desses rituais marcam?

3 Você já participou de algum ritual de passagem? Ele foi importante para você e sua família?

Aprender sempre

1 Observe as estruturas apontadas nas figuras abaixo e faça o que se pede.

a. Escreva o nome de cada uma das estruturas nas linhas ao lado dos números correspondentes.

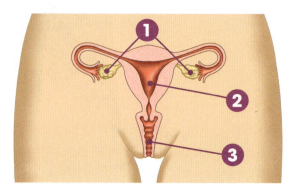
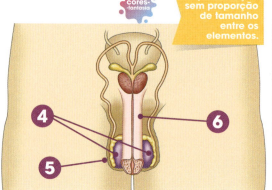

Representação sem proporção de tamanho entre os elementos.

❶ _____

❷ _____

❸ _____

❹ _____

❺ _____

❻ _____

b. Qual dessas estruturas produz as células reprodutoras femininas? E qual delas produz as células reprodutoras masculinas?

_____

_____

2 Marília tem 12 anos e percebeu uma certa manhã que seu lençol estava manchado com um pouco de sangue eliminado pelo seu órgão genital. Isso nunca havia acontecido e por isso ela ficou assustada.

a. O que você diria para tranquilizar Marília?

_____

_____

b. O que se passou com Marília ainda não aconteceu com sua amiga Roberta, de 14 anos. Roberta está preocupada e ansiosa. O que você diria para tranquilizá-la?

_____

_____

3 As fotos abaixo mostram bebês recém-nascidos. Observe as imagens e responda às questões.

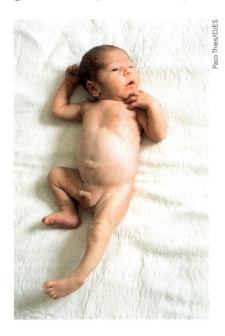
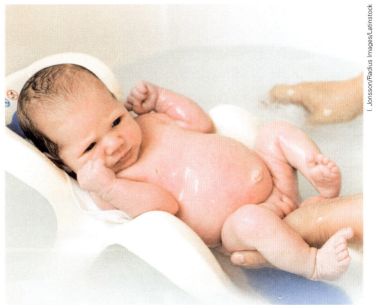

a. Qual característica pode ser observada para identificar se um recém-nascido é menino ou menina? Explique.

b. Em geral, do que os bebês recém-nascidos se alimentam?

c. Enquanto estão no organismo da mãe, como os fetos se alimentam e respiram?

4 Leia a tira a seguir e depois responda às questões.

a. O que é um espermatozoide? Qual é a relação do espermatozoide com o título do livro do menino de óculos?

b. O garoto faz uma brincadeira ao dizer para o Menino Maluquinho que eles são originados de espermatozoides que deram certo. De acordo com o que você estudou, o que isso significa na realidade?

CAPÍTULO 10
Energia e materiais no dia a dia

Se você observar com atenção à sua volta, poderá perceber diversos materiais e diferentes formas de energia. Muito antes de existirem as vilas ou as cidades, por exemplo, os seres humanos já usavam a madeira como um material para fazer fogo, uma importante fonte de luz e calor. Observe a imagem a seguir procurando identificar diferentes materiais e formas de energia.

Na imagem, grupo de pessoas se reúne ao redor de uma fonte de energia.

- Você reconhece os materiais de que são feitos os objetos reproduzidos na imagem?

- Que formas de energia você consegue identificar na imagem? Em quais situações do seu dia a dia você usa essas formas de energia?

- Qual é a sensação que temos ao sentar em uma pedra? E ao nos enrolar em um cobertor? Por que as sensações são distintas?

Formas de energia

Uma das primeiras fontes de energia usada pelo ser humano foi o fogo. Ele foi fundamental para o desenvolvimento dos povos pré-históricos, pois possibilitou o cozimento dos alimentos, por exemplo. Além disso, era em torno das fogueiras que as pessoas se reuniam para dividir conhecimentos, contar histórias, compartilhar medos, fazer rituais e, assim, fortalecer a aprendizagem, os laços e a vida em sociedade.

A energia sempre esteve presente no cotidiano dos seres vivos, tanto em ambientes naturais quanto nos construídos pelos seres humanos. Basicamente, todas as situações do dia a dia dependem de algum tipo de energia para acontecer. Por exemplo, a energia que faz acender uma lâmpada, aquelas que vêm do Sol (e aquecem e iluminam os ambientes) e a energia dos alimentos que ingerimos.

A **energia elétrica** está relacionada ao funcionamento das lâmpadas e de aparelhos como televisores, eletrodomésticos e computadores. Os raios que surgem nas tempestades são descargas de energia elétrica.

A **energia térmica** está relacionada à temperatura. Quanto mais quente um objeto, mais energia térmica há nele. O Sol, além de produzir energia luminosa, que ilumina a Terra, produz energia térmica, que aquece o planeta.

A energia elétrica faz funcionar as lâmpadas e os eletrodomésticos, como o ferro de passar roupa.

A energia térmica aquece e assa a massa do pão no forno da padaria.

A **energia de movimento** está relacionada, como o nome indica, ao movimento. Está em um carro andando, ou no nosso corpo girando, por exemplo.

A **energia luminosa** está relacionada à emissão de luz. Como já vimos, o Sol emite esse tipo de energia. As plantas absorvem a energia luminosa do Sol na fotossíntese, processo pelo qual elas produzem seu próprio alimento.

A energia de movimento faz com que a bola se desloque em direção à cesta.

O Sol é a principal fonte de energia luminosa e de energia térmica da Terra.

A **energia sonora** está relacionada ao som, como o canto dos pássaros, a música e a voz humana, por exemplo.

Os instrumentos musicais, como o violino da imagem, emitem energia sonora.

A **energia química** está relacionada aos alimentos, aos combustíveis e às pilhas, por exemplo. A energia dos alimentos consumidos possibilita que o corpo humano se desenvolva e se movimente. A energia dos combustíveis movimenta carros e aviões. A energia de pilhas e baterias possibilita o funcionamento de diversos equipamentos.

bateria de telefone celular

A energia química está presente em baterias, como a da foto.

Transformações de energia

Um tipo de energia pode se transformar em outro tipo de energia. Essas transformações são comuns em nosso dia a dia. Veja alguns exemplos a seguir.

Nas usinas hidrelétricas, a energia de movimento da água é transformada em energia elétrica. Ao ligarmos a TV, a energia elétrica que chega ao aparelho é transformada em energia luminosa e energia sonora. Quando ligamos o interruptor de uma lâmpada, a energia elétrica que chega a ela se transforma em energia luminosa.

Usina hidrelétrica em Piranhas, AL. Foto de 2016.

Nos carros, a energia química do combustível é transformada em energia de movimento, fazendo o carro se mover. Além disso, a energia química armazenada na bateria é transformada em outros tipos de energia, como luminosa (emitida pelos faróis) e sonora (transmitida pelo rádio).

O combustível, como o etanol ou a gasolina, é fonte de energia química para o carro. Já a bateria é fonte de energia elétrica, que é transformada em energia luminosa e sonora, entre outras.

Durante o processo de transformação de energia, há sempre uma parte dela que não é aproveitada. Uma das formas mais comuns de energia não aproveitada diretamente é aquela que se perde na forma de calor. Nas lâmpadas incandescentes, parte da energia elétrica é transformada em energia luminosa, mas parte da energia é perdida na forma de calor.

As lâmpadas incandescentes aquecem o ambiente do entorno depois de um tempo acesas.

1 Observe a figura ao lado. Depois, responda às questões.

a. Que tipo de transformação de energia ocorre quando o rádio está ligado na tomada?

_____
_____

b. O rádio está ligado há algum tempo. Por que ele está quente?

_____
_____

c. A energia térmica do rádio não é aproveitada. Mas, na cena, há um exemplo de aproveitamento dessa forma de energia. Qual é esse exemplo?

_____
_____

2 Pense nos equipamentos de sua residência. Escreva um exemplo de aparelho que realiza cada uma das transformações indicadas abaixo.

a. Energia elétrica em energia luminosa.

_____

b. Energia elétrica em energia de movimento.

_____

c. Energia elétrica em energia sonora.

_____

d. Energia elétrica em energia térmica.

_____

Memória da Eletricidade
Disponível em: <http://memoriadaeletricidade.com.br/>. Acesso em: 5 dez. 2017.

Nesse *site*, há informações sobre a história da eletricidade no Brasil. Clique no *link* Almanaque Energia e confira a maquete animada de uma casa de 1950.

Energia luminosa

O Sol é a principal fonte de energia luminosa da Terra. Mas, hoje em dia, há também iluminação artificial feita por lâmpadas elétricas.

A luz do Sol

A existência de todos os seres vivos depende do Sol, pois ele provê luz e calor adequados para o desenvolvimento da vida como a conhecemos.

As plantas precisam da luz do Sol para produzir o próprio alimento na fotossíntese. Muitos animais alimentam-se das plantas, aproveitando indiretamente parte da energia que elas absorveram da luz do Sol. Quando eles são consumidos por outros animais, transferem parte dessa energia a estes, e assim vai ocorrendo sucessivamente. Portanto, podemos dizer que todas as plantas e animais dependem da luz do Sol.

Para realizar a fotossíntese, as plantas precisam de luz, água e gás carbônico.

A luz artificial

Durante o dia, em geral, há iluminação natural devido à luz do Sol. À noite ou em lugares fechados, usa-se iluminação artificial, feita por lâmpadas, por exemplo. As do tipo incandescente são pouco eficientes, pois a maior parte da energia elétrica consumida por elas é perdida na forma de calor. As lâmpadas fluorescentes e de LED (sigla em inglês para diodo emissor de luz) são mais econômicas, eficientes e duráveis.

O contato com uma lâmpada incandescente aquecida pode causar queimaduras. Por isso, tenha sempre cuidado.

A luz e as sombras

A sombra se forma quando a passagem dos raios de luz é interrompida por um objeto. Para formar uma sombra, é necessário haver uma **fonte luminosa** (como o Sol ou uma lanterna ligada), um objeto a ser iluminado e um **anteparo**, que é o local onde a sombra será projetada (como uma parede ou uma tela). Além disso, o objeto precisa ser **opaco**, ou seja, não permitir a passagem de luz, e estar entre a fonte de luz e o anteparo, como na foto ao lado.

A sombra se forma sempre do lado oposto ao da fonte de luz.

Na prática

Teatro de sombras

Povos antigos usavam a sombra para encenar histórias. Até hoje, o teatro de sombras é feito por artistas em diversos países. Vocês sabem como é feito um teatro de sombras? Que tipo de luz é usada? Ou como é possível fazer sombras de diferentes formas e tamanhos?

Nesta atividade, vocês vão montar seu próprio teatro de sombras e verificar como ele é feito.

Vocês vão precisar de:

- uma caixa grande de papelão
- uma folha de papel vegetal
- uma lanterna média ou grande
- personagens das páginas 179 a 183
- palitos de picolé
- tesoura com pontas arredondadas
- cola

Experimentem

1. Recortem as personagens das páginas 179 a 183, para compor a peça de teatro de sombras.

2. Usando cola, fixem na vertical um palito de picolé em cada uma delas. Uma parte do palito será fixada atrás do corpo da personagem, e a outra parte ficará acima da cabeça dela para que você possa segurá-la.

3. Recortem um dos lados da caixa de papelão – o mais comprido –, como uma "moldura" de teatro. O lado oposto e o de cima podem ser recortados completamente.

4. Cortem um pedaço de papel vegetal do mesmo tamanho da moldura e, depois, colem esse papel na parte interna da moldura da caixa.

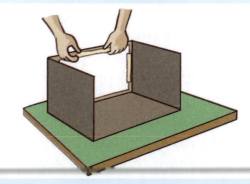

5. Criem uma história, escrevam os diálogos e decidam quem vai interpretar cada uma das personagens.

6. Posicionem a lanterna acesa atrás da moldura com papel vegetal, na parte oposta da caixa de papelão. Agora, apaguem as luzes e usem as personagens para projetar as sombras delas no papel vegetal.
7. Vocês podem variar a distância entre a lanterna e as personagens.

Respondam

1. Criem uma história usando as personagens que vocês confeccionaram. A história pode ser relacionada ao que vocês já estudaram. Registrem a história no caderno, ensaiem a peça e a representem para sua turma.

2. Que tipo de luz foi utilizada na atividade?
_____
_____

3. Em que local as personagens tiveram de ser colocadas para que suas sombras pudessem ser projetadas no papel vegetal?
_____
_____

4. O que ocorre quando você altera a distância das personagens em relação à lanterna? Vocês usaram esse recurso na história? Caso tenham usado, em que momento?
_____
_____
_____
_____
_____

Propriedades dos materiais

A energia pode ser transferida a um objeto provocando mudança em seu formato ou alterando seu movimento. Quando isso ocorre, dizemos que uma **força** agiu sobre o objeto.

Quando brincamos com massa de modelar, por exemplo, estamos aplicando nela uma força que altera seu formato.

A forma como diferentes materiais sólidos reagem à aplicação de forças depende de suas propriedades.

A seguir, veremos algumas dessas propriedades.

A aplicação de uma força na massa de modelar altera sua forma.

Elasticidade

Elasticidade é a propriedade que um material tem de retornar à sua forma original quando é comprimido ou esticado.

A mola, o elástico e a borracha são exemplos de materiais com propriedades elásticas. A cama elástica, por exemplo, é formada por molas que prendem um tecido elástico. Quando uma pessoa pula nela, aplica uma força que altera a forma das molas, que, ao voltarem para sua forma original, aplicam uma força na pessoa impulsionando-a para o alto.

É por causa das propriedades elásticas das molas da cama elástica que conseguimos pular tão alto.

Flexibilidade

Flexibilidade é uma propriedade de materiais que sofrem alterações permanentes de formato quando uma força é aplicada.

A massa de modelar e a argila são materiais flexíveis. Ao modelar a argila, o artesão usa as mãos para dar o formato que deseja ao objeto. Ao tocar a argila, o artesão está aplicando uma força que modifica a forma desse material.

A argila é um material flexível que pode ser moldado para formar vasos, canecas e pratos. Mas, após ser queimada em um forno especial, ela se torna rígida, podendo se quebrar facilmente.

Resistência

Resistência é uma característica de materiais sólidos que suportam a ação de uma força sem se quebrar e sem ter sua forma alterada.

Uma cadeira, por exemplo, deve ser construída com um material resistente que suporte o peso do nosso corpo ao sentarmos. Estantes e armários devem suportar o peso dos objetos que colocamos neles. Pontes devem suportar o peso de centenas de carros, e prédios devem suportar o peso de centenas de pessoas, móveis, objetos e eletrodomésticos neles contidos.

Entre os materiais resistentes, temos a madeira, o ferro e o concreto.

Grandes construções, como prédios, são formadas por uma estrutura feita de ferro e concreto.

Fragilidade

Fragilidade é a propriedade de materiais que se quebram com facilidade e sem antes sofrerem alteração na forma.

Se uma vidraça for atingida por uma bola, ela pode se quebrar. Ao bater no vidro, a bola exerce uma força que o vidro não suporta; por isso ele se quebra.

Outros materiais frágeis são a porcelana e o cristal.

Um prato de porcelana quebra facilmente ao cair no chão.

Aprender sempre

1. Observe as imagens e escreva uma legenda para cada uma, citando uma das formas de energia estudadas: luminosa, térmica, elétrica, de movimento, sonora e química.

_____   _____   _____

_____   _____   _____

2. A energia química de substâncias presentes em pilhas e baterias é transformada em energia elétrica. É essa transformação que faz funcionar aparelhos eletrônicos como telefones celulares e rádios. No entanto, as pilhas devem ser descartadas em locais adequados. Faça uma pesquisa e explique qual a razão disso.

_____

_____

_____

3. O Sol, as lâmpadas e as lanternas são exemplos de fontes de energia luminosa. Mas certos seres vivos também podem emitir luz, como o vaga-lume da foto a seguir.

Vaga-lume, inseto que emite luz.

- Sabendo que o vaga-lume transforma a energia que obtém dos alimentos em energia luminosa, responda no caderno: Nesse caso, qual é o tipo de energia que é transformada?

4 Observe os elementos da foto ao lado. Escreva qual é a fonte de luz, o corpo opaco e o anteparo na situação retratada.

_____

_____

5 Observe as cenas abaixo.

a. O que acontecerá com o balão de aniversário, se o menino continuar assoprando?

_____

b. Se o menino parar de assoprar e deixar o ar sair, o que acontecerá com o balão? Que propriedade da matéria explica esse fenômeno?

_____

_____

c. Explique o que acontecerá com o formato da bola de futebol, se a menina continuar enchendo.

_____

d. A bola de futebol muda de formato conforme é enchida com ar. Qual propriedade da matéria explica esse fenômeno?

_____

_____

CAPÍTULO 11

Energia e calor

A energia pode ser percebida de muitas maneiras no dia a dia. Observe a situação ilustrada abaixo para refletir melhor sobre isso.

▶ Que tipo de energia você acha que as pessoas estão percebendo com mais intensidade na cena acima?

▶ Quais situações específicas você observou para identificar o tipo de energia descrito na questão anterior?

▶ Nessa ilustração, existem algumas situações fantasiosas. Quais são essas situações?

Energia térmica e calor

A **energia térmica** é uma forma de energia relacionada à temperatura dos **corpos**. O Sol, uma chama e o corpo humano têm energia térmica.

Corpo: nesse caso, porção de matéria (algo que ocupa espaço) que conseguimos definir e identificar (por exemplo, uma rocha, uma caixa, um objeto, etc.).

O corpo humano obtém energia por meio do alimento, e parte dessa energia é transformada em energia térmica. Quando a temperatura do organismo aumenta, como ao praticar esportes, o suor pode resfriá-lo.

Os corpos podem apresentar diferentes quantidades de energia térmica. Um dado volume de água quente, por exemplo, tem mais energia térmica do que esse mesmo volume de água fria.

Quando dois corpos entram em contato, a energia térmica passa do corpo no qual ela está em maior quantidade (o mais quente) para o de menor energia (o mais frio). Essa passagem de energia ocorre até atingir-se o equilíbrio térmico, ou seja, até os dois corpos ficarem com mesma temperatura.

Essa **transferência de energia térmica** recebe o nome de **calor**.

A energia térmica da bebida quente passa para a caneca, e da caneca para as mãos da jovem.

No contato humano há transferência de energia térmica, ou seja, há troca de calor.

Fontes de calor

O **Sol** é a principal fonte de calor para a Terra. No interior do Sol ocorrem transformações que liberam muita energia. Parte da energia térmica produzida no Sol atinge a superfície do nosso planeta, que então é aquecida. Tal aquecimento garante temperaturas adequadas para a existência das diversas formas de vida tal como a conhecemos.

O **interior da Terra** também é uma fonte de calor para a superfície do planeta. No interior da Terra existem metais e rochas derretidas que atingem temperaturas extremamente altas. Em certas situações, esse material superaquecido pode vazar para a superfície. Isso pode ser observado no fenômeno das fontes termais e nas **erupções vulcânicas**.

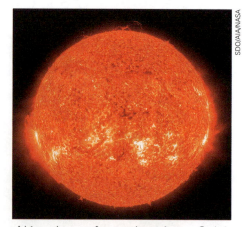

Além de ser fonte de calor, o Sol é fonte de luz para a Terra.

Erupção vulcânica: fenômeno no qual um vulcão expele materiais em altas temperaturas, cinzas e gases.

Além de superaquecidas, as rochas no interior do planeta estão sob elevada pressão, o que pode ocasionar erupções. Vulcão na Indonésia, 2017.

A **energia elétrica** pode ser transformada em energia térmica. Essa forma de produzir energia térmica e gerar calor é bastante usada em nosso cotidiano, como quando tomamos banho em um chuveiro elétrico.

A água do chuveiro elétrico é aquecida por meio da energia elétrica, que é transformada em energia térmica. Esta, ao ser transferida, aquece a água do banho.

Quando pensamos em uma fonte única de luz e de calor, a lembrança mais comum é o **fogo**. Hoje é, em geral, fácil produzir uma chama, mas nem sempre foi assim. Por muito tempo, o ser humano dispunha apenas de instrumentos muito simples, e era com eles que se tentava produzir fogo.

O domínio do fogo causou uma revolução na vida dos povos da Pré-História: eles puderam, por exemplo, iluminar o ambiente à noite, espantar animais e cozinhar os alimentos. O cozimento dos alimentos facilita a digestão e permite ao organismo um uso mais eficiente dos nutrientes.

Atenção!

Nunca se aproxime do fogo. Você pode sofrer queimaduras graves.

Nos primórdios da humanidade, o fogo era conseguido esfregando-se objetos – como graveto, palha e pedra – para produzir atrito e assim gerar calor e uma chama. O domínio dessa fonte de energia mudou bastante a vida dos povos pré-históricos.

1 Veja as imagens a seguir, de um cozinheiro mostrando os passos para derreter chocolate, e leia as legendas. Depois, responda no caderno.

Passo 1: o chocolate fica em uma panela menor, enquanto a água é aquecida na panela maior.

Passo 2: após a água esquentar, coloca-se a panela com o chocolate dentro da panela maior.

- Como o chocolate pode ter derretido se a panela onde ele estava não foi colocada no fogo, mas dentro da panela com água?

Efeitos do calor

A quantidade de calor que um objeto recebe causa certos efeitos, como **variação de temperatura**, **mudança de estado físico** e **dilatação térmica**.

Variação de temperatura

O aumento da quantidade de energia térmica de um material pode aumentar sua temperatura.

Quando uma chaleira com água é colocada sobre uma chama, parte da energia térmica da chama é transferida para o metal da chaleira e para o ar ao redor dela. O metal da chaleira, por sua vez, transfere energia térmica para a água e para o ar ao redor dela, aquecendo-os.

A água colocada nessa chaleira estava à temperatura de 20 °C.

Alguns minutos depois, a temperatura da água subiu para 70 °C.

Ao se apagar a chama, o aquecimento da chaleira é interrompido. No entanto, a energia térmica continua sendo transferida do metal da chaleira para a água e para o ar ao redor da chaleira. Aos poucos, a temperatura da água e a da chaleira vão diminuindo até ficarem iguais à temperatura do ambiente.

▪ Medindo a temperatura

O sentido do tato nos permite perceber variações de temperatura. Uma pedra de gelo parece fria ao tato. Já a luz do Sol parece aquecer nossa pele.

Mas para saber a temperatura exata de um corpo, devemos usar um **termômetro**. Os primeiros termômetros a funcionar de forma eficiente usavam mercúrio, que é um metal líquido. Hoje eles estão em desuso, pois o mercúrio é um elemento tóxico, e vêm sendo substituídos pelos termômetros eletrônicos.

Termômetro de mercúrio. Na extremidade do tubo há o bulbo, onde fica armazenado o metal líquido. O bulbo, ao ser colocado em contato com a pele da pessoa, aquece o mercúrio, que se dilata e se expande, indicando a temperatura na escala lateral.

A foto mostra um termômetro eletrônico. Ele indica a temperatura do corpo ao ser colocado em contato com a pele.

Mudança de estado físico

Dependendo da quantidade de energia que um material recebe ou perde, pode haver mudança de seu estado físico. Por exemplo, se colocarmos água líquida no congelador, ela vai perder energia e, quando estiver a uma temperatura de aproximadamente 0 °C, passará para o estado sólido.

Se, porém, o gelo for colocado em um ambiente com temperatura maior que a do congelador, a água sólida receberá energia e mudará para o estado líquido. E, no caso de receber mais energia térmica, toda a água em estado líquido pode evaporar e passar para o estado gasoso.

A: Água líquida é colocada no congelador e passa para o estado sólido (gelo). **B**: Os cubos de gelo são retirados do congelador, colocados ao ambiente, e começam a derreter (a água volta para o estado líquido). **C**: A temperatura aumenta e a água evapora (passa para o estado gasoso).

Dilatação térmica

A maioria dos corpos ocupa mais espaço (ou seja: dilata-se) quando são aquecidos. Isso ocorre pois o material de que são feitos sofre **dilatação térmica**. O asfalto das ruas, por exemplo, dilata-se se é aquecido e se contrai (ocupa menos espaço) se perde energia térmica (esfria). Outros materiais que se dilatam com bastante facilidade são os diversos tipos de metais.

Superfícies de cimento e asfalto podem rachar se forem continuamente aquecidas sob o sol (dilatando-se) e resfriadas à noite (contraindo-se).

Nas ferrovias, é preciso que haja um espaço entre os trilhos para que, ao se dilatarem, não se deformem e venham a causar acidentes.

1 O pai de Caio cozinhou ovos para preparar uma salada de maionese. O que ele pode fazer para resfriar os ovos antes de descascá-los? Em seu caderno, explique como ocorreu a transferência de energia térmica.

Materiais condutores de calor

Os **materiais bons condutores de calor** são aqueles que se aquecem ou resfriam com facilidade, pois neles a energia térmica flui rapidamente. Os metais, como ouro, alumínio, ferro e cobre, são exemplos desses materiais.

Já a madeira, a borracha, o algodão, a lã, o isopor e certos plásticos são exemplos de **materiais maus condutores de calor**, pois a energia térmica passa mais lentamente por esses materiais.

Objetos feitos de materiais bons condutores de calor.

Objetos feitos de materiais maus condutores de calor.

Os materiais podem ser direcionados para diferentes fins, de acordo com a propriedade de conduzir bem ou mal o calor. Bons condutores de calor, como o alumínio, são usados para fazer panelas, por exemplo. Assim, a energia térmica da chama do fogão passa rapidamente ao alimento. Já o cabo das panelas é geralmente feito de materiais maus condutores de calor, como madeira ou certos tipos de plástico. Dessa forma, podemos segurar uma panela quente pelo cabo sem queimar a mão.

A chaleira é feita de metal, um material bom condutor de calor, mas seu cabo é feito de plástico, que é mau condutor de calor.

Conservando a temperatura

A lã e outros materiais usados para fazer cobertores e blusas são maus condutores de calor.

Esses materiais não aquecem o corpo. Eles apenas impedem que a energia térmica produzida pelo corpo passe para o ambiente.

Com o avanço do conhecimento tecnológico, novos materiais são produzidos, de acordo com as necessidades de conforto e segurança das pessoas. As roupas dos mergulhadores, por exemplo, dificultam a transferência de energia térmica do corpo para a água e permitem que eles nadem em águas com baixas temperaturas.

Os mergulhadores usam roupas que dificultam a perda de energia térmica do corpo.

1 Observe o ferro elétrico da foto.

a. Que material foi usado para fabricar a parte que fica em contato com a roupa? E a parte que fica em contato com a mão?

_____
_____

b. Os materiais do ferro de passar são adequados para a utilidade que ele tem? Por quê?

_____
_____
_____

2 Observe a ilustração e responda às questões.

a. Para transportar uma torta gelada até a casa de sua avó, mantendo a temperatura, qual desses recipientes Ângela deve usar? Explique por quê.

_____
_____
_____

b. Imagine que, em outro dia, Ângela queira levar uma torta que acabou de sair do forno e que deve ser servida quente. Qual dos recipientes ela deve usar? Explique por quê.

_____
_____

3 Em grupo, leiam o texto e vejam a ilustração abaixo. Depois, troquem ideias e respondam às questões no caderno.

[...] Quando o Sol ilumina e aquece a gente, está enviando energia – a energia solar. Esta pode ser transformada em outros tipos de energia, como a energia elétrica, que gera a eletricidade necessária para acender a lâmpada. No Brasil, a energia solar é abundante, embora não seja suficiente para atender diretamente as necessidades do dia a dia de uma cidade. Mas há situações em que a energia solar pode ser usada com grande vantagem. [...]

Para a água do banho soltar aquela fumacinha é comum usarmos um chuveiro elétrico ou um aquecedor a gás. Mas, em muitas regiões do país, onde faz muito calor, o Sol pode servir para esquentar a água. [...]

Existem várias formas de construir um aquecedor solar de uso residencial. Em geral, o modelo mais usado no Brasil é feito de placas especiais, chamadas coletores solares [...]. Normalmente, as placas coletoras são feitas de cobre ou alumínio e cobertas por vidro. [...]

Gilberto de Martino Jannuzzi. Energia solar: uma solução eletrizante! Revista *Ciência Hoje das Crianças*. Disponível em: <http://chc.cienciahoje.uol.com.br/energia-solar-uma-solucao-eletrizante/>. Acesso em: 12 maio 2017.

■ Observem o esquema do funcionamento de um aquecedor solar de água.

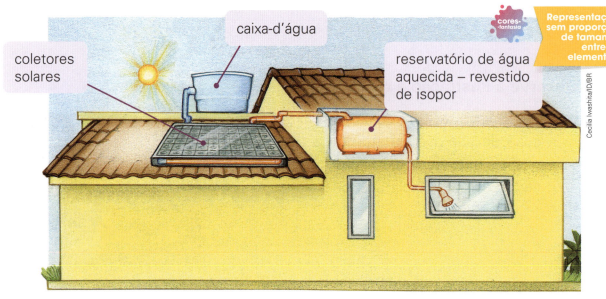

Um tubo leva a água da caixa-d'água para os coletores. O sol aquece os coletores e a água presente neles. A água aquecida vai para um reservatório revestido e fica armazenada para ser usada no banho.

a. Nas casas com aquecedor solar, há economia de energia elétrica? Por quê?

b. Por que, em geral, as placas coletoras são feitas de cobre ou alumínio?

c. Por que, em geral, o reservatório de água aquecida é revestido com um material mau condutor de calor?

Na prática

Descongelando cubos de gelo

Imagine dois cubos de gelo idênticos. Ambos estão em um mesmo ambiente sobre pratos idênticos e na mesma temperatura que a do ar. No entanto, um dos cubos de gelo está coberto por tecido de lã. Qual dos cubos você acha que vai descongelar mais rapidamente: o coberto ou o descoberto? Vamos verificar na atividade a seguir.

Você vai precisar de:
- dois cubos de gelo do mesmo tamanho
- uma peça de roupa de lã (meia, blusa, etc.)
- dois pratos fundos

Experimente

1. Coloque um cubo de gelo em cada prato e cubra somente um deles com a lã.
2. A cada 5 minutos, levante a lã do cubo coberto e verifique qual dos dois cubos está mais derretido. Depois, volte a cobrir o mesmo cubo.
3. Considere o experimento finalizado quando um dos cubos estiver totalmente derretido.

Responda

1 Qual dos cubos derreteu mais rápido?

_____

2 Verifique sua resposta inicial: Você esperava esse resultado? Por quê?

_____

3 Por que você acha que obteve esse resultado?

_____

4 Após a realização desse experimento, você diria que as roupas de lã nos mantêm aquecidos em ambientes frios? Por quê?

Vamos ler imagens!

Termografia

Enxergamos cores, formas e movimentos. No entanto, nós não somos capazes de enxergar, a olho nu, o ar, o som ou o calor. Mas algumas câmeras especiais tornam possível enxergar as diferentes temperaturas dos objetos e do ambiente em cores e constroem então uma imagem usando essa variação de cores.

Você já viu ou imagina como seriam essas imagens? Observe as fotografias a seguir. Elas foram obtidas com o uso dessas câmeras especiais.

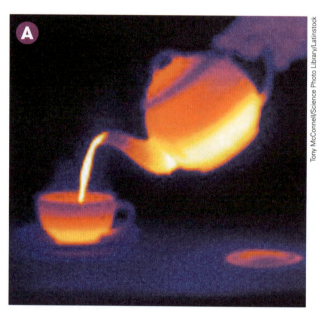

Você consegue perceber que elementos estão sendo mostrados nesta foto?

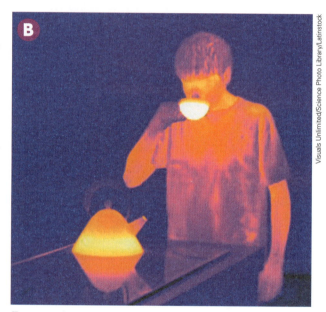

E nesta imagem, o que está acontecendo?

À primeira vista, percebemos que as fotos são coloridas e conseguimos identificar alguns elementos por seus contornos: um bule, uma xícara de chá, uma pessoa tomando um líquido na xícara.

Mas algo parece estar errado: as cores dos objetos não correspondem às que vemos em nosso dia a dia. Isso acontece porque nessa técnica, chamada de **termografia**, as **cores** indicam **temperaturas**: branco, tons de amarelo e tons vermelhos representam temperaturas mais altas (respectivamente, da mais quente para a menos quente). Já o preto, tons de verde e tons de azul significam temperaturas mais baixas.

As termografias mostram, por exemplo, as áreas mais quentes do bule e da xícara, e onde o bule estava (foto **A**). Isso acontece porque parte do calor do líquido passa para o recipiente – e para a superfície.

Esse tipo de imagem é útil, por exemplo, na medicina, para detectar algum problema no corpo, e na segurança do trabalho, pois mostra se um objeto está muito quente para ser tocado.

Agora é a sua vez

1 Descreva quais são as áreas mais quentes e as mais frias das fotos **A** e **B**.

_____
_____
_____
_____

2 Agora, observe a foto a seguir e responda ao que se pede.

a. Descreva a cena mostrada na imagem.

_____
_____
_____

b. É mais seguro levantar a xícara pegando nas laterais dela ou pela asa? Como você chegou a essa resposta?

_____
_____

Aprender sempre

1 Leia estes quadrinhos e responda à questão a seguir no caderno.

- Qual dos dois garotos está certo: o de pijama verde ou o de pijama azul? Justifique sua resposta.

2 Os desenhos que homens e mulheres da Pré-História fizeram nas rochas são chamados de arte rupestre. No século passado, foram descobertas belas amostras de arte rupestre na gruta de Lascaux, na França. Dentro dessa caverna, apesar de não entrar nenhuma luminosidade, foram ilustrados animais da região com incrível exatidão. Converse com os colegas e responda:

Detalhe de arte rupestre, da Pré-História, mostra animais pintados no teto da gruta de Lascaux.

a. Qual fonte de energia os habitantes pré-históricos desse local dominaram para conseguir enxergar e pintar em uma caverna totalmente escura?

b. Cite outros usos da energia térmica que foram feitos por nossos antepassados e que foram ou são importantes para as pessoas atualmente.

c. Por que é importante valorizar esse tipo de registro histórico?

3 Imagine que um adulto de sua casa quer cozinhar batatas para preparar uma salada. Essa pessoa pega as batatas e as coloca em água fervendo para cozinhar. Responda às questões abaixo no caderno.

a. Depois de tirar as batatas da água fervendo, o que essa pessoa pode fazer para resfriá-las rapidamente? Ou seja, o que ela pode fazer para que as batatas percam energia térmica?

b. Considerando sua resposta anterior, para onde foi transferida a energia térmica das batatas no processo de resfriamento deles?

4 Fernanda propôs um desafio a César: ela colocou uma moeda na palma da mão e fechou-a, segurando o objeto por alguns minutos. Depois, com César de olhos fechados, ela colocou a moeda sobre a mesa, ao lado de outra moeda idêntica. Observe a cena.

- Converse com um colega e respondam: Como César pode descobrir qual moeda estava na mão de Fernanda usando apenas o tato?

5 Um cozinheiro precisa fazer um brigadeiro e tem de escolher bem a panela e a colher que vai usar. Ele terá de segurar a panela no fogo e mexer os ingredientes por 15 minutos.

A

B

C

Panela de ferro com cabo de plástico especial e colher de metal.

Panela de alumínio com cabo de alumínio e colher de metal.

Panela de alumínio com cabo de madeira e colher de madeira.

- Circule a panela e a colher que o cozinheiro poderá usar. Explique sua escolha no caderno.

CAPÍTULO 12
Eletricidade e magnetismo

A família do Artur e da Sofia está no escuro por conta de uma forte tempestade que está caindo e causou a falta de energia.

Leia a seguir um trecho do diálogo deles.

– Eu que gosto tanto de pão com manteiga torrado! Sem a torradeira elétrica vai ficar difícil. E depois vai ser impossível esquentar o leite no micro-ondas.

[...]

– No supermercado, nenhuma caixa registradora funcionaria. Imagine os pobres funcionários fazendo contas que não acabam mais...

– Pense um pouco em tudo o que gostamos e que não vai mais funcionar: a televisão, o computador, o *videogame* [...].

– À noite, seria ainda mais complicado [...].

– Sabem – disse a mãe de Artur –, [as pessoas] viveram muito tempo sem eletricidade [...].

Philippe Nessmann. *Eletricidade*. São Paulo: Companhia Editora Nacional, 2012. p. 26-27.

▶ De acordo com o texto e com a sua experiência pessoal, a eletricidade é importante em nossa sociedade? Justifique.

▶ Encontre no texto ações que podem ser realizadas mesmo sem eletricidade.

▶ Por que Sofia diz que à noite seria mais complicado?

▶ Forme um grupo com mais dois colegas e reflita: Que hábitos vocês teriam de mudar se não houvesse mais energia elétrica disponível?

De onde vem a energia elétrica?

O modo de vida das pessoas mudou (e vem mudando) muito com o desenvolvimento da produção de energia elétrica pelo ser humano, no fim do século XIX. Hoje em dia, dependemos muito de aparelhos elétricos.

A energia elétrica é produzida nas **usinas**. Elas podem ser de vários tipos, como as hidrelétricas, as termelétricas e as nucleares.

Usinas hidrelétricas

No Brasil, a maior parte da energia elétrica é produzida em **usinas hidrelétricas**. Veja, no esquema abaixo, como isso acontece.

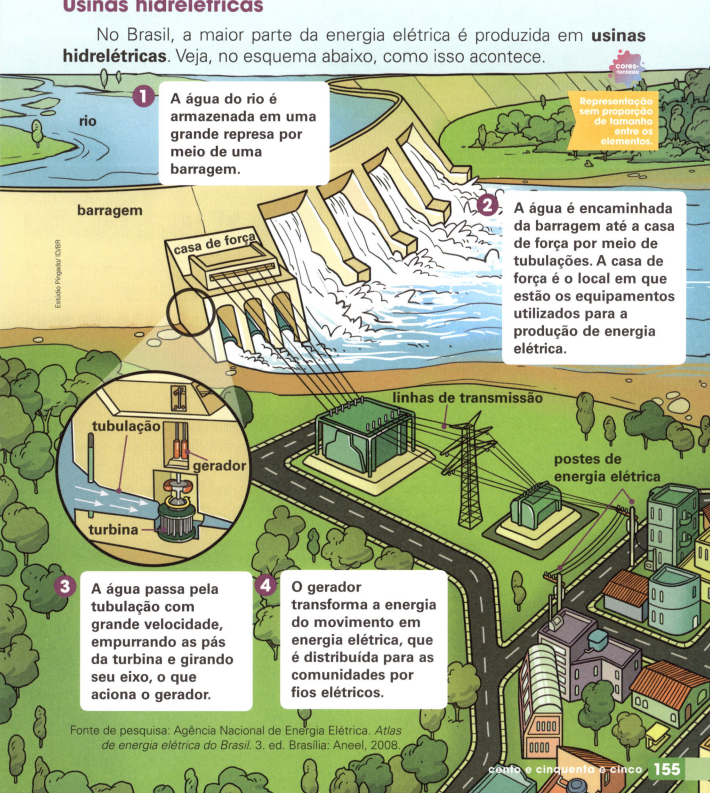

Fonte de pesquisa: Agência Nacional de Energia Elétrica. *Atlas de energia elétrica do Brasil*. 3. ed. Brasília: Aneel, 2008.

Impactos da produção de energia elétrica

Em muitos países, a energia elétrica é obtida por meio de **usinas termelétricas**, que queimam combustíveis fósseis (gás natural, carvão mineral e petróleo) para gerar energia. As termelétricas usam recursos difíceis de se conseguir na natureza e que podem poluir o ambiente, principalmente a atmosfera.

Outro tipo de usina são as **usinas nucleares**. Elas podem fornecer grandes quantidades de eletricidade, mas têm a desvantagem de usar o urânio para gerar energia. O urânio é um elemento químico tóxico e muito perigoso para a saúde, e já houve ocasiões em que sérios acidentes com urânio causaram muitas mortes e a contaminação de grandes áreas.

As hidrelétricas representam uma fonte menos poluente, em relação às usinas nucleares e termelétricas. Mas o represamento da água, por exemplo, destrói o ambiente de diversos seres vivos, forçando-os a se deslocar para outros locais. Comunidades de seres humanos também são afetadas e deslocadas.

A imagem **A** mostra o distrito de Sobradinho, BA, em 1974. Anos depois, foi construída uma barragem para a instalação da usina hidrelétrica de Sobradinho e, como é possível ver na imagem **B**, de 2015, o distrito foi totalmente coberto pelas águas. A população que lá vivia teve de ser removida.

Fontes alternativas de energia

É possível aproveitar outros recursos naturais abundantes no Brasil para a produção de energia elétrica. A energia do Sol, chamada de **energia solar**, pode ser captada em placas (ou painéis) solares e transformada em eletricidade. A **energia eólica** é gerada pelos ventos: torres com grandes pás, que são movimentadas pela força do vento, acionam geradores que produzem eletricidade.

Painéis de captação de energia solar em Santarém, PA, 2017.

Torres geradoras de energia eólica em Camocim, CE, 2015.

Pilhas e baterias

Pilhas e baterias armazenam produtos químicos que geram energia. Nesse caso, ocorre a transformação de **energia química** em energia elétrica. Durante um tempo de uso, os produtos químicos perdem a capacidade de gerar energia elétrica, e as pilhas, então, deixam de funcionar. Mas há algumas pilhas e baterias que podem ser recarregadas com energia elétrica, como é o caso das baterias dos celulares.

Os produtos químicos presentes em pilhas, como a da imagem, e em baterias são tóxicos e poluem o ambiente. Por isso, após o uso, pilhas e baterias devem ser descartadas em locais específicos.

Relâmpagos

Os **relâmpagos** são descargas elétricas intensas que ocorrem na atmosfera, entre as nuvens de tempestades. Quando essa descarga elétrica sai das nuvens e atinge o solo, é chamada de **raio**. O **trovão** é o ruído característico do relâmpago e do raio.

Os para-raios são equipamentos que recebem descargas elétricas da atmosfera e as conduzem para o solo de forma segura. Geralmente, esses equipamentos são colocados em locais altos – por exemplo, em cima de prédios –, impedindo que os raios atinjam as construções e as pessoas.

Esquema de funcionamento de para-raios. **1**: O raio atinge um para-raios no topo do edifício. **2**: A descarga elétrica é levada por um cabo condutor até o solo, onde há uma haste de aterramento. **3**: A haste anula a eletricidade para que ela não cause danos.

1 Faça uma pesquisa sobre as diferentes formas de obtenção de energia elétrica, usando jornais, revistas, livros e a internet. Escolha uma delas, preferencialmente algum exemplo que não tenha sido discutido no livro, e anote, no caderno, as informações solicitadas abaixo. Depois, compartilhe suas descobertas com os colegas.

- Fonte de energia
- Vantagens
- Desvantagens

A energia elétrica no dia a dia

A energia elétrica produzida em uma usina é transmitida por fios que chegam às cidades e ao campo. Os fios são sustentados por torres e postes e chegam a casas, escolas, lojas e hospitais, por exemplo.

Dentro dessas construções também existem fios que distribuem a eletricidade para vários pontos, como tomadas e interruptores.

Materiais condutores de eletricidade

Existem materiais nos quais a eletricidade passa mais facilmente. Entre eles, destacam-se os metais, como cobre, ferro e alumínio. Esses materiais são **bons condutores de eletricidade**.

Em outros materiais, como a borracha, o plástico, o couro e a cerâmica, a passagem da eletricidade é mais difícil. Por isso, são conhecidos como materiais **maus condutores de eletricidade**.

Essas características dos materiais são levadas em conta na hora de fabricar fios e outros produtos que entram em contato com a energia elétrica.

Os fios elétricos geralmente são feitos de cobre, que é um bom condutor de eletricidade. Porém, na parte externa, os fios são revestidos por um tipo de plástico, que é um material mau condutor de eletricidade.

Postes e fios de transmissão de energia em Cassilândia, MS, 2014.

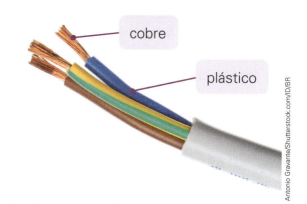

O cobre e o plástico são materiais usados na fabricação de fios elétricos.

1 Borracha e plástico são usados para revestir o cabo de alicates (como o da foto) e outras ferramentas utilizadas por adultos para efetuar reparos de aparelhos e fios elétricos. No caderno, explique por que se usam esses materiais.

Cuidados com a energia elétrica

A energia elétrica proporciona uma série de benefícios e facilidades. Entretanto, pode causar queimaduras, incêndios, choques elétricos e até mesmo levar à morte.

Observe alguns cuidados que devemos ter para prevenir acidentes com a energia elétrica.

O protetor de tomadas evita acidentes.

- Não colocar o dedo nem introduzir objetos em tomadas.
- Não tocar em fios elétricos soltos ou desencapados.
- Não ligar vários equipamentos na mesma tomada ao mesmo tempo.
- Manter aparelhos elétricos longe de pias, chuveiros ou superfícies molhadas. A presença de água aumenta o risco de choques elétricos.
- Nunca empinar pipas perto de fios da rede elétrica. Também não usar materiais metalizados para fazer pipas, pois muitos conduzem eletricidade.
- Nunca tentar recuperar pipas ou outros objetos enroscados em fios elétricos.
- Nunca entrar em estações de energia. Nesses locais, existem aparelhos que podem causar choques muito intensos.

Em geral, parques são boas opções para se empinar pipa, por terem espaços amplos e longe de fios. Município de São Paulo, 2014.

Estação de energia elétrica em Betim, MG, 2012.

 Grupo de eletricidade atmosférica
Disponível em: <http://www.inpe.br/webelat/homepage/>. Acesso em: 29 nov. 2017.

Site do Grupo de Eletricidade Atmosférica (Elat), do Instituto Nacional de Pesquisas Espaciais (Inpe). Nesse endereço, é possível acessar a cartilha "Proteção contra raios" e obter diversas informações sobre esse fenômeno, além de curiosidades, como a duração de um raio.

Economia de energia elétrica

Você viu que a instalação de uma usina hidrelétrica causa uma série de problemas, como a inundação de áreas de rica biodiversidade e o desalojamento de moradores locais.

Nesse contexto, economizar energia elétrica é uma atitude muito importante para o ambiente e o ser humano. E há muitas maneiras de economizar energia elétrica. Veja algumas delas no texto e nas imagens a seguir.

Evite acender lâmpadas durante o dia. Abra portas e janelas, aproveitando a luz natural.

Se você tem geladeira em casa, abra-a somente quando for preciso e pegue ou guarde rapidamente o que for necessário.

É recomendável usar a máquina de lavar em sua capacidade máxima.

- Somente deixe luzes acesas e aparelhos ligados se você está no ambiente e se o aparelho está sendo realmente usado.
- Não coloque alimentos quentes na geladeira. Isso faz com que o aparelho gaste mais energia para resfriar o que está lá dentro.
- O chuveiro elétrico é um dos aparelhos que mais consomem energia. Desligue-o ao se ensaboar ou passar produtos nos cabelos.

2 Você usa muita energia elétrica? Em caso positivo, você acha que desperdiça parte dessa energia? Responda no caderno.

3 Reflita sobre suas respostas da atividade acima, e:

a. No caderno, faça uma lista dos hábitos que você pode adotar para economizar energia elétrica.

b. Agora, escolha dois hábitos dessa lista e coloque-os em prática durante uma semana. Você acredita que foi possível economizar energia com esses novos hábitos? Por quê?

Magnetismo

Você já manipulou um ímã? Os **ímãs** são objetos que atraem alguns materiais, como ferro, cobalto e níquel. Os materiais que contêm ferro, como o aço, também são atraídos por ímãs.

Essa propriedade dos ímãs é chamada de **magnetismo**.

O ímã atrai objetos metálicos diversos, como os mostrados nesta imagem.

Os objetos atraídos por ímãs podem se tornar ímãs temporários. Nas fotografias abaixo (**1**, **2** e **3**), é possível perceber que, quando encostados em um ímã, os clipes são capazes de atrair outros clipes.

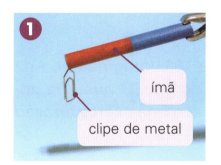  

Sequência de fotos mostrando clipes sendo atraídos por um ímã.

O ímã não atrai apenas os objetos que estão diretamente em contato com ele. Ao redor de um ímã há uma região em que ele ainda exerce magnetismo. Essa região é chamada de **campo magnético**. Veja abaixo.

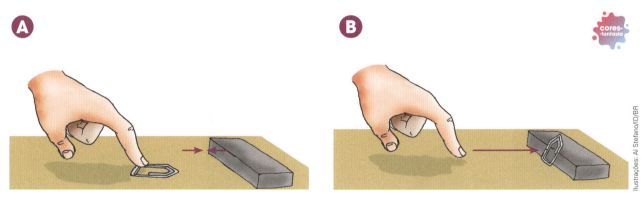

Esse ímã atrai um clipe próximo. Isso é possível por conta da ação do campo magnético em volta do ímã.

cento e sessenta e um

Polos magnéticos

Todos os ímãs têm duas regiões, chamadas de **polos magnéticos**. Um deles é o polo sul magnético, e o outro é o polo norte magnético.

Representação do polo sul magnético (S) e do polo norte magnético (N) de um ímã. As cores azul e vermelha foram usadas apenas para destacar esses polos nas imagens desta página.

Se um ímã for quebrado em vários pedaços, cada pedaço terá um polo sul magnético e um polo norte magnético.

Quando dois ímãs são colocados próximos um do outro, eles podem se atrair ou se repelir. A atração acontece quando aproximamos dois polos diferentes. Mas, ao aproximarmos dois polos iguais, ocorre repulsão entre eles.

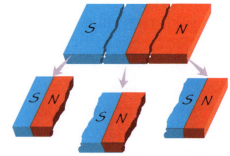

Ao dividir um ímã, obtemos ímãs menores, cada um com dois polos magnéticos: um polo sul e um polo norte.

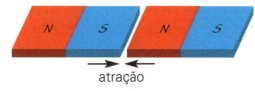

atração

repulsão

Representação da atração e da repulsão entre polos de ímãs.

1 Observe novamente as imagens **A** e **B** da página 161. Imagine que Ana quer descobrir até onde vai o campo magnético do ímã. O que Ana poderia fazer para saber até onde vai a região em que o ímã exerce atração sobre o clipe?

_____

_____

_____

2 Os polos de um ímã são inseparáveis. Indique, no caderno, qual figura representa essa característica dos ímãs.

Na prática

Observando o magnetismo

Quais objetos são atraídos por ímãs e quais não são atraídos? E o que há em comum nos objetos atraídos por ímãs? A atividade a seguir nos ajudará a responder a essas questões.

Você vai precisar de:

- um ímã
- pedaço de papel-alumínio
- pedaço de papel (pode ser folhas de rascunho)
- clipes para papel
- parafuso
- fio de cobre
- borracha
- bola de gude
- lápis
- pedra
- moedas de diversos valores
- palha de aço
- elástico
- areia

Experimente

1. Coloque os materiais sobre uma mesa. Pense em quais objetos você acha que serão atraídos pelo ímã e quais não serão atraídos. Faça uma lista no caderno.
2. Teste seus palpites: aproxime o ímã de cada objeto e veja o que acontece.

Responda

1. Quais objetos foram atraídos pelo ímã e quais não foram?

_____

_____

2. A ideia que você tinha sobre quais objetos seriam atraídos pelo ímã foi confirmada? Justifique.

3. Separe os objetos que são atraídos por ímãs dos objetos que não são. Responda no caderno: De que material são feitos os objetos atraídos pelo ímã?

Aprender sempre

1 Observe a ilustração abaixo e responda às questões.

a. Nessa cena, circule os aparelhos que precisam de eletricidade para funcionar.

b. Em sua opinião, todos os cuidados com a eletricidade estão sendo respeitados na cena? Por quê?

c. Se você estivesse presente nesse ambiente, o que faria para evitar o desperdício de energia elétrica?

2 Leia o texto abaixo.

> O **Selo Procel de Economia de Energia** é uma iniciativa do governo brasileiro para orientar o consumidor na compra de aparelhos que funcionam com eletricidade. Se o produto tem o selo Procel, significa que foi testado e apresenta os melhores níveis de economia de energia em sua categoria. Por exemplo: uma televisão com esse selo gasta menos energia para funcionar do que uma televisão sem esse selo. Isso incentiva a fabricação e a venda de equipamentos que economizam energia elétrica, ajudando a reduzir os prejuízos ambientais.

Texto para fins didáticos.

Antônio comprou uma geladeira para sua casa e preferiu a que tinha o selo Procel. Escreva, no caderno, os benefícios dessa escolha.

3 Observe a cena e responda às questões a seguir.

a. O que a menina fará para retirar o clipe do copo?

_____

_____

b. Ela poderia usar o mesmo procedimento para retirar um botão de plástico?

Por quê? _____

4 Leia o texto e responda às questões no caderno.

No verão, o Sol nasce mais cedo e se põe mais tarde. Entre os meses de outubro e fevereiro, alguns estados brasileiros adiantam o horário do relógio em uma hora. Esse período é conhecido como **horário de verão**.

Nesses meses, as pessoas realizam mais atividades durante a fase iluminada do dia, aproveitando a luz do Sol. As luzes das casas e das ruas demoram mais para serem acesas porque escurece mais tarde.

O horário de verão não é adotado em todo o país. Ele vigora apenas nos estados que estão coloridos de verde-escuro neste mapa.

Texto para fins didáticos.

Fonte de pesquisa do mapa: Portal Brasil. Disponível em: <http://www.brasil.gov.br/ciencia-e-tecnologia/2017/10/horario-de-verao-comeca-no-dia-15-de-outubro>. Acesso em: 13 nov. 2017.

a. Explique por que é possível economizar energia elétrica no horário de verão.

b. Existe horário de verão no estado em que você vive? Se existe, o horário de verão modifica sua rotina?

Sugestões de leitura

O planetário, de Fernando Carraro. Editora FTD.
A personagem Gabriela, uma jovem astrofísica, narra suas lembranças e convida os leitores a embarcar em uma viagem pelo Sistema Solar.

Era uma vez Galileu Galilei, de Rita Foelker. Editora Callis.
Essa obra apresenta o famoso cientista italiano Galileu Galilei, que está relacionado ao desenvolvimento da astronomia.

Uma aventura no ar, de Samuel Murgel Branco. Editora Moderna.
Acompanhe as aventuras vividas por Carol e Rique e veja como o ar está sempre à nossa volta e relacionado a muitas atividades do nosso dia a dia.

O homem de água e sua fonte, de Ivo Rosatti e Gabriel Pacheco. Edições SM.
De uma torneira que alguém esqueceu aberta, nasce um homem de água. Acompanhe o caminho que ele percorre até encontrar um lugar para ficar.

Você é o que você come?: um guia sobre tudo o que está no seu prato! Editora Moderna.
Esse almanaque apresenta curiosidades e informações importantes sobre os alimentos e a alimentação, mostrando que aquilo que comemos influencia muito a nossa vida.

Como funciona o incrível corpo humano, de Richard Walker. Editora Companhia das Letrinhas.
Nessa obra, é possível acompanhar os processos fisiológicos, como a alimentação, a respiração e o desenvolvimento, e conhecer a cura de doenças.

De cara com o espelho, de Leonor Corrêa. Editora Moderna.
O livro faz refletir sobre a cobrança para se encaixar em padrões de beleza, por meio de crônicas bem-humoradas.

Eletricidade, de Philippe Nessmann. Companhia Editora Nacional.
De onde vem a luz das lâmpadas? Como funciona uma pilha? Com experimentos divertidos, você descobrirá o que é eletricidade, sua importância e seus diversos usos.

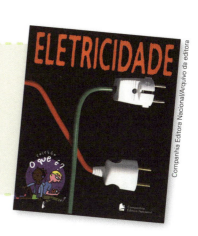

Bibliografia

BRASIL. Ministério da Educação. Conselho Nacional de Educação. *Diretrizes curriculares nacionais para o Ensino Fundamental de 9 (nove) anos.* Parecer CNE/CEB n. 11/2010. Brasília: CNE-CEB-MEC (versão aprovada em 7 jul. 2010).

_____. Ministério do Planejamento, Orçamento e Gestão. Instituto Brasileiro de Geografia e Estatística (IBGE). *Atlas de saneamento.* Rio de Janeiro: IBGE, 2011.

_____. Secretaria de Educação Básica. *Base nacional comum curricular:* educação é a base. Brasília: MEC, 2017.

_____. Secretaria de Educação Fundamental. *Parâmetros curriculares nacionais:* ciências naturais. 2. ed. Rio de Janeiro: DP&A, 2000.

_____. Secretaria de Educação Fundamental. *Parâmetros curriculares nacionais:* meio ambiente e saúde. 2. ed. Rio de Janeiro: DP&A, 2000.

_____. Secretaria de Educação Fundamental. *Parâmetros curriculares nacionais:* pluralidade cultural. 2. ed. Rio de Janeiro: DP&A, 2000.

CAMPOS, M. C. C.; NIGRO, R. G. *Teoria e prática em ciências na escola:* o ensino-aprendizagem como investigação. São Paulo: FTD, 2009.

CARVALHO, A. M. P. de. *Ciências no Ensino Fundamental:* o conhecimento físico. São Paulo: Scipione, 2009.

DELIZOICOV, D.; ANGOTTI, J. A.; PERNAMBUCO, M. M. *Ensino de ciências:* fundamentos e métodos. 3. ed. São Paulo: Cortez, 2009.

FARIA, R. P. *Fundamentos da astronomia.* 10. ed. Campinas: Papirus, 2009.

GASPAR, A. *Experiências de ciências para o Ensino Fundamental.* São Paulo: Ática, 2005.

GOMES, M. V. *Educação em rede:* uma visão emancipadora. São Paulo: Cortez-Instituto Paulo Freire, 2004.

HEWITT, P. G. *Física conceitual.* 11. ed. São Paulo: Bookman, 2011.

NEVES, D. P. et al. *Parasitologia humana.* 12. ed. Rio de Janeiro: Atheneu, 2011.

NICOLINI, J. *Manual do astrônomo amador.* 4. ed. Campinas: Papirus, 2004.

PERRENOUD, P. *As competências para ensinar no século XXI.* Porto Alegre: Artmed, 2007.

PRESS, F. et al. *Para entender a Terra.* 4. ed. São Paulo: Bookman, 2006.

REES, M. (Org.). *Universe.* London: Dorling Kindersley, 2012.

SOBOTTA, J. *Atlas de anatomia humana.* 23. ed. Rio de Janeiro: Guanabara Koogan, 2013.

SOCIEDADE BRASILEIRA DE ANATOMIA. *Terminologia anatômica.* Barueri: Manole, 2001.

TORTORA, G. J.; DERRICKSON, B. *Corpo humano:* fundamentos de anatomia e fisiologia. 10. ed. Porto Alegre: Artmed, 2016.

VANCLEAVE, J. P. *Astronomy for every kid.* New York: John Wiley & Sons, 1991.

WINSTON, R. *Body:* an amazing tour of human anatomy. London: Dorling Kindersley, 2005.

ZABALA, A. *A prática educativa.* Porto Alegre: Artmed, 1998.

Recortar

Página 115 › **Atividade 4: Gincana da saúde**

cole aqui

cole aqui

cole aqui

cole aqui

Recortar

Página 115 › **Atividade 4: Gincana da saúde**

cento e setenta e um

Recortar

Página 115 › Atividade 4: Gincana da saúde

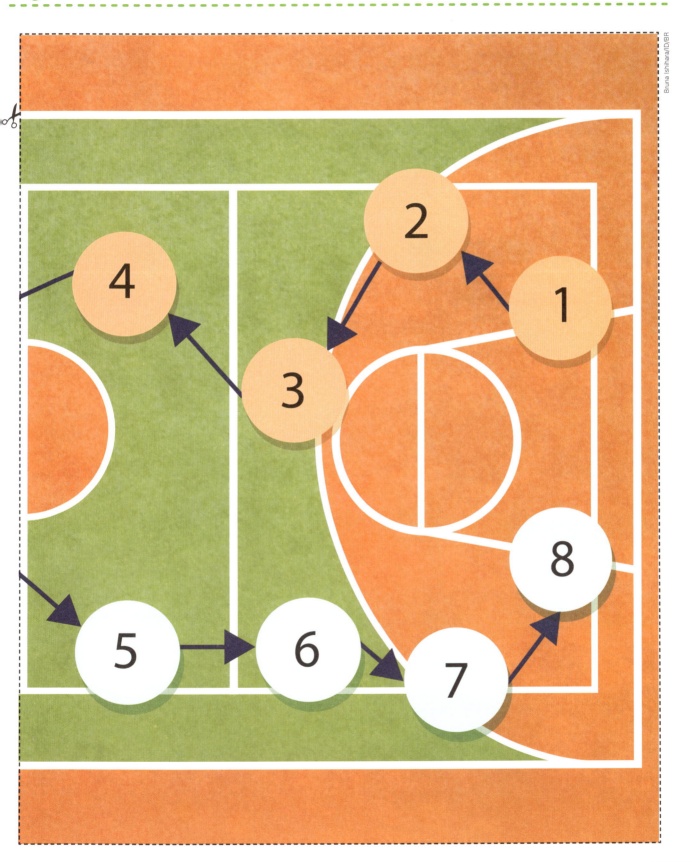

Recortar

Página 115 › **Atividade 4: Gincana da saúde**

Card 1:
É recomendável consumir frutas e verduras:
a) 1 vez por semana.
b) todos os dias.
c) 1 vez por mês.

Card 2:
O coração desacelera quando:
a) ficamos em repouso.
b) nos assustamos.
c) fazemos exercícios físicos.

Card 3:
Durante o sono profundo:
a) nosso coração para de bater, pois nos esquecemos de controlar as atividades cardíacas.
b) a respiração continua fornecendo o gás oxigênio de que o corpo precisa.
c) não gastamos nenhuma energia.

Card 4:
Parte das impurezas que estavam presentes no nosso corpo são eliminadas através das fezes.
a) Certo
b) Errado

Card 5:
A boca humana possui dentes:
a) iguais, que são trocados de tempos em tempos.
b) que permanecem desde o nascimento até a vida adulta.
c) com formas distintas, pois possuem funções diferentes na mastigação.

Card 6:
Para evitar algumas doenças, NÃO devemos:
a) beber apenas água tratada ou fervida.
b) comer sem lavar as mãos.
c) lavar frutas e verduras antes de comê-las.

Card 7:
A única forma de repor a água eliminada pelo nosso corpo é bebendo mais água.
a) Certo
b) Errado

Card 8:
Qual dica abaixo refere-se a uma alimentação saudável?
a) Comer rapidamente para ingerir mais alimentos.
b) Evitar verduras e legumes.
c) Não exagerar no consumo de doces.

Card 9:
Em qual das atividades a seguir gastamos mais energia?
a) Montando um quebra-cabeça.
b) Andando de bicicleta.
c) Vendo televisão.

Card 10:
Para obter os mesmos tipos de nutrientes que o peixe fornece, é possível elaborar uma refeição substituindo-o por:
a) Ovo.
b) Pão.
c) Maçã.

cento e setenta e cinco

Recortar

Página 115 › Atividade 4: Gincana da saúde

As vitaminas obtidas na alimentação são distribuídas pelo corpo inteiro através:

a) do sangue bombeado pelo coração.
b) do ar que inspiramos.
c) do estômago.

São fatores que preservam a saúde:

a) vacinação e saneamento básico.
b) higiene e desnutrição.
c) desidratação e exercícios.

A minha saúde depende:

a) apenas do cuidado que eu tenho com meu corpo.
b) do cuidado com o meu corpo e a minha mente.
c) do cuidado com o meu corpo, a minha mente e o meio ambiente.

Em relação às doenças:

a) nenhuma delas passa de pessoa para pessoa.
b) existem vacinas para todas elas.
c) podemos tomar alguns cuidados para evitá-las.

O líquido que bebemos e o alimento que comemos:

a) seguem o mesmo caminho no corpo.
b) vão para órgãos diferentes depois de engolidos.
c) não possuem nutrientes.

Os alimentos:

a) não podem ser conservados fora da geladeira.
b) devem ser conservados fora da geladeira.
c) podem ser conservados de diferentes maneiras, dependendo do tipo.

O soro recomendado para crianças com desidratação não pode ser feito em casa.

a) Certo
b) Errado

O corpo humano precisa do ar porque:

a) utiliza o gás carbônico para produzir seu alimento.
b) utiliza o gás oxigênio para suas atividades.
c) utiliza o vapor de água ao invés de beber água.

O pulmão:

a) bombeia sangue para o corpo todo.
b) filtra o sangue e produz urina.
c) fornece o gás oxigênio necessário para a sobrevivência do corpo.

Muitos alimentos ainda bons para consumo são desperdiçados diariamente.

a) Certo
b) Errado

Recortar

Páginas 134 e 135 › **Na prática: Teatro de sombras**

Recortar

Páginas 134 e 135 › Na prática: Teatro de sombras

Recortar

Páginas 134 e 135 › **Na prática: Teatro de sombras**

cento e oitenta e três **183**